Andrea Richter

Auslandsaufenthalte während des Studiums – Stationen, Bewältigungsstrategien und Auswirkungen

Eine qualitative Studie

KULTUR – KOMMUNIKATION – KOOPERATION

herausgegeben von Gabriele Berkenbusch und Katharina von Helmolt

ISSN 1869-5884

1 *Gabriele Berkenbusch und Doris Weidemann (Hrsg.)*
Herausforderungen internationaler Mobilität
Auslandsaufenthalte im Kontext von Hochschule und Unternehmen
ISBN 978-3-8382-0026-2

2 *Vasco da Silva*
Critical Incidents in Spanien und Frankreich
Eine Evaluation studentischer Selbstanalysen
ISBN 978-3-8382-0036-1

3 *Gwendolin Lauterbach*
Zu Gast in China
Interkulturelles Lernen in chinesischen Gastfamilien:
Eine Längsschnittstudie über die Erfahrungen deutscher Gäste
ISBN 978-3-8382-0082-8

4 *Katharina Bertz*
Akkulturationsmodelle in der aktuellen Forschung
Metaanalyse neuester wissenschaftlicher Studien über Akkulturation
ISBN 978-3-8382-0126-9

5 *Sabine Emde*
Immigration und Schwierigkeiten im deutschen Alltag
Eine chinesische Migrantin in Deutschland
ISBN 978-3-8382-0101-6

6 *Andrea Richter*
Auslandsaufenthalte während des Studiums - Stationen, Bewältigungsstrategien und Auswirkungen
Eine qualitative Studie
ISBN 978-3-8382-0108-5

Andrea Richter

AUSLANDSAUFENTHALTE WÄHREND DES STUDIUMS – STATIONEN, BEWÄLTIGUNGSSTRATEGIEN UND AUSWIRKUNGEN

Eine qualitative Studie

ibidem-Verlag
Stuttgart

Bibliografische Information der Deutschen Nationalbibliothek
Die Deutsche Nationalbibliothek verzeichnet diese Publikation in der Deutschen Nationalbibliografie; detaillierte bibliografische Daten sind im Internet über http://dnb.d-nb.de abrufbar.

Bibliographic information published by the Deutsche Nationalbibliothek
Die Deutsche Nationalbibliothek lists this publication in the Deutsche Nationalbibliografie; detailed bibliographic data are available in the Internet at http://dnb.d-nb.de.

∞

Gedruckt auf alterungsbeständigem, säurefreien Papier
Printed on acid-free paper

ISSN: 1869-5884

ISBN-13: 978-3-8382-0108-5

Printed in Germany

Vorwort der Herausgeberinnen

Die Reihe **Kultur – Kommunikation – Kooperation** dokumentiert aktuelle Forschungen aus den Sprach-, Kultur- und Sozialwissenschaften, die sich mit Kommunikation und Kooperation in unterschiedlichen Kulturräumen befassen. Im Blick stehen besonders die Bereiche der interkulturellen Kommunikation, des interkulturellen Lernens, der Migrationsforschung, der Biographieforschung und der Gender Studies. In methodologischer Hinsicht sind die Forschungsarbeiten vornehmlich auf den Gebieten der Gesprächsanalyse, der Soziolinguistik und der qualitativen Sozialforschung zu verorten.

Ein besonderes Anliegen der Schriftenreihe ist es, die Publikationstätigkeit begabter Nachwuchsforscherinnen und -forscher zu unterstützen und sie unseren Studierenden zugänglich zu machen. Denn diese Beiträge können modellhaft für Studierende sein, die auf der Suche nach Themen, Zielsetzungen und Methoden sind. Hier können sie auch Orientierung zu wissenschaftlichen Standards finden. Es handelt sich in unseren Augen um "good practice"-Beispiele der Nachwuchsforschung.

Mit diesem Band über die verschiedenen Stationen und Herausforderungen von Auslandsaufenthalten und auch über die Probleme nach der Rückkehr präsentieren wir erneut eine Studie, die mit hohem empirischem Aufwand umgesetzt wurde, klaren methodischen Prinzipien folgt und interessante Ergebnisse aufzeigt.

Wir danken dem ***ibidem***-Verlag, dass er unser Anliegen unterstützt und uns eine Plattform gewährt, Fachmonographien dieser Art zu veröffentlichen, und wir bedanken uns ganz besonders für die reibungslose und ausgesprochen angenehme Zusammenarbeit.

Die Herausgeberinnen

Gabriele Berkenbusch (WHZ – Zwickau)

Katharina von Helmolt (HS – München)

Inhaltsverzeichnis

Abkürzungsverzeichnis

bzgl. – bezüglich

ca. – circa

DAAD – Deutscher Akademischer Austauschdienst

d.h. – das heißt

i.d.R. – in der Regel

WHZ – Westsächsische Hochschule Zwickau

u.a. – unter anderem

u.U. – unter Umständen

z.B. – zum Beispiel

z.T. – zum Teil

Abbildungsverzeichnis

1. Einleitung und Fragestellung

Heutzutage, wo Unternehmen aus der gesamten Welt internationale Interessen verfolgen und wir in einer globalisierten Welt näher zusammenrücken, steigt der Wettbewerb und auch die Anforderungen an die Arbeitnehmer werden komplexer. Aspekte des Interkulturellen Managements gewinnen immer mehr an Bedeutung und beeinflussen die Fähigkeit von Unternehmen, effektiv handeln zu können (Deller, 1996). Auf den ersten Blick scheint die Globalisierung nur eine Frage der Märkte, des Verkehrs, der Politik und der Umwelt zu sein. Jedoch dürfen wir nicht vergessen, dass bei diesem Vorgang der Mensch an erster Stelle steht. Die globale Ausrichtung stellt uns unter anderem auch vor die Frage der Orientierung unseres Denkens und unserer Werte. Die Menschen sind die kritische Variable in diesem Geschehen, ja die kritische Variable der Zukunft überhaupt (Stadler, 1994).

Um mit der Entwicklung der Welt, wie wir sie heute kennen, Schritt halten zu können, werden verstärkt Forderungen nach einer globalen Erziehung und Bildung, nach einer Anpassung des Unterrichts und der Lehrpläne an die geänderten Gegebenheiten laut. Eine der vielen Möglichkeiten des globalen Lernens besteht darin, für einige Zeit ins Ausland zu gehen, um fremde Kulturen und Lebensweisen kennenzulernen. Dabei geht es um die Adaption von Werten und Verhaltensweisen, aber auch um Abgrenzung vom ‚kulturell Anderen'. Denn die Wahrnehmung des ‚Fremden' ist für die Ausbildung eines individuellen Selbstbewusstseins genauso bedeutsam wie für die Konstruktion kollektiver Identitäten (Bertels u.a., 2007). So stellen Studien- und Arbeitsaufenthalte in anderen Ländern heute keine Seltenheit mehr dar und werden von den meisten Unternehmen positiv im Curriculum eines potentiellen Bewerbers bewertet, da allgemein davon ausgegangen wird, dass sich ein erfolgreich bewältigter Auslandsaufenthalt persönlichkeitsfördernd auf den Betroffenen auswirkt, so z.B. auf dessen Flexibilität im Berufsleben. Die Erwartungen von Studenten an einen längeren Aufenthalt in einer fremden Kultur sind hoch und betreffen nicht nur die Erhöhung der beruflichen Chancen. Für viele ist der Auslandsaufenthalt im Nachhinein betrachtet die ‚schönste Zeit' ihres Lebens.

Was genau macht einen erfolgreichen Auslandsaufenthalt eigentlich aus? Welche Stationen werden z.B. im Laufe eines Auslandssemesters bewältigt? Vor welchen Hürden stehen junge Studenten, wie bewältigen sie diese und welche Auswirkungen ergeben sich schlussendlich aus solchem Aufenthalt für den Betreffenden? Dies sind die Fragen, die in der vorliegenden Studie geklärt werden sollen.

1.1 Aufbau der Arbeit

Meine Arbeit gliedert sich im ersten Teil in die verschiedenen Phasen der Untersuchung. Dort möchte ich auf das eigentliche Forschungsproblem und die Auswahl des Forschungsgegenstandes eingehen, bevor ich zur Konstruktion des Erhebungsinstrumentes übergehe. Anschließend beschäftige ich mich mit der Befragung meiner Interviewpartner, wobei ich die Durchführung der Untersuchung und die Auswahl der Befragten näher erläutere und eine kurze Angabe zu der von mir angewandten Methodik der Datenausarbeitung und -auswertung mache. Im Hauptteil stelle ich die von mir erarbeiteten Ergebnisse aus den Interviews dar. Nachdem ich eine kurze Übersicht über die Inhalte der von mir geführten Gespräche gebe, bearbeite ich die in den Interviews angesprochenen Themen. Dabei gehe ich u.a. auf die Erwartungen und Vorbereitungen bei einem Auslandsaufenthalt ein, auf den Heimatbegriff, den Kulturschock beim Eintritt in eine fremde Kultur und die verschiedenen Anpassungsstrategien im Ausland. Einen weiteren thematischen Schwerpunkt bilden die Rückkehr der Studenten nach Deutschland, der damit verbundene Rückkehrschock, das Unverständnis der Umwelt ihnen und ihrer Situation gegenüber sowie die Auswirkungen eines längeren Auslandsaufenthaltes auf die Persönlichkeit. Bei der Vielzahl der in den Interviews angesprochenen Themen musste ich mich auf eine kleine Auswahl beschränken. Die hier erläuterten Fragen wurden i.d.R. von mehreren Studenten aufgegriffen, so dass ich die mir am dringlichsten scheinenden Problematiken ausgewählt habe. Abschließend zeige ich an zwei ausgewählten Beispielen die Selbstdarstellungsstrategien der Interviewten während der Befragung auf, bevor ich nach dem Fazit weiterführende Forschungsfragen aufwerfe.

2. Phasen der empirischen Untersuchung

2.1 Formulierung des Forschungsproblems

2.1.1 Einleitung

Infolge der Bologna-Deklaration von 1999, in welcher u.a. die Möglichkeiten des Studiums an ausländischen Hochschulen für Studierende vereinfacht wurden, nimmt die Zahl der deutschen Studenten im Ausland stetig zu. Laut einer Publikation des Statistischen Bundesamtes Deutschland im Jahre 2007 mit dem Titel „Deutsche Studierende im Ausland – Statistischer Überblick 1995-2005" waren im Jahr 2005 75.800 deutsche Studenten an ausländischen Hochschulen eingeschrieben (Vgl. 2004: 66.500). Im Zuge des fortschreitenden Weltmachtdenkens und des verstärkten Leistungsdrucks steigen die Anforderungen besonders an Studenten als zukünftige Fach- und Führungskräfte bezüglich ihrer Flexibilität, ihrer Sprachkenntnisse und ihrer interkulturellen Kompetenzen. Viele Firmen verlangen deswegen von ihren Bewerbern bereits im Studium erworbene Auslandserfahrung.

Der Deutsche Akademische Austauschdienst (DAAD) veröffentlichte im Jahr 2007 die Studie „Internationale Mobilität im Studium – Studienbezogene Aufenthalte deutscher Studierender in anderen Ländern". In dieser quantitativen Studie wurden über 5000 Studierende hinsichtlich ihrer Motive, Erfahrungen und Interessen bezogen auf ihre Studienauslandsaufenthalte befragt.

2.1.2 Auswahl des Forschungsgegenstandes

Auch ich habe, bedingt durch das Curriculum meines Studiums zur Diplom-Wirtschaftshispanistin, je ein Studien- bzw. Praxissemester in Kuba und Spanien verbracht. Während des Zeitraums von fast einem Jahr, in dem ich viele Erfahrungen gemacht und viele Menschen kennen gelernt habe, konnte ich auch an mir und in meiner Persönlichkeit einige Veränderungen wahrnehmen. Mein Blick auf bestimmte Dinge, wie z.B. die Flexibilität, ein anderes Zeitverständnis, eine positivere Wahrnehmung der eigenen Kultur, eine veränderte Wahrnehmung von Menschen aus Nichtindustriestaaten und deren Problemen hat sich sehr verändert. Dies wurde bedingt durch verschiedene Einflussfaktoren, wie z.B. meine Konfrontation mit einer anderen Kultur oder meine Heimkehr nach Deutschland, die anders verlief, als ich es mir vorgestellt hatte.

Die internetgestützte Studie durch den DAAD fand auf quantitativer Ebene statt. So sind z.B. 82% der Befragten gut mit der Mentalität der Einheimischen zurechtgekommen und 81% haben viel von einer anderen Arbeits- und Lebenskultur kennengelernt. Über das Wie, die eventuell aufgetauchten Probleme im Ausland und die Zeit nach der Rückkehr gibt die Studie allerdings keine Auskunft.

Abbildung 1: Erfahrungen studienbezogener Auslandsaufenthalte (Studie des DAAD, Heublein, 2007)

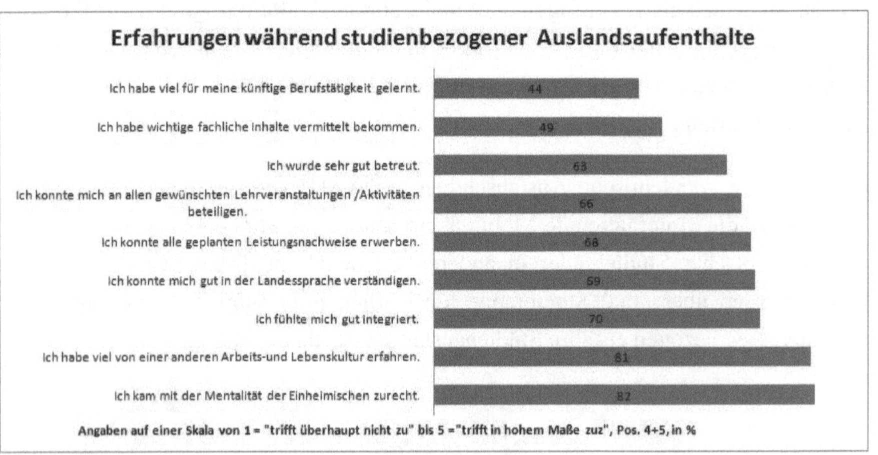

Hinter Statistiken stehen auch immer Menschen mit individuellen Lebensläufen und Erfahrungen. Bei der Wahl meiner Forschungsfrage interessierte mich nicht die Quantität der getroffenen Aussagen der befragten Studenten, sondern die persönliche Meinung eines jeden einzelnen. Welche subjektiven Erfahrungen haben Studenten im Ausland gemacht? Welche Hürden mussten sie bewältigen? Wie haben sich diese Erfahrungen auf die Persönlichkeit ausgewirkt bzw. hatten sie überhaupt einen Einfluss?

2.1.3 Erhebungsverfahren – Qualitative Sozialforschung

Durch meine im Vorfeld durchgeführte Introspektion und das von Mayring beschriebene Postulat der Interpretation, welches ein Vorverständnis des Forschers bzgl. des Forschungsgegenstandes zulässt und die Introspektion als legitimes Zulassen eigener subjektiver Erfahrungen mit dem Forschungsgegenstand befürwortet, schien mir die Anwendung der Methode der qualitativen Sozialforschung für die vorliegende Studie am geeignetsten (Mayring 1999, S. 14). Die qualitative Sozialforschung, die von der Ganzheitlichkeit des Menschen (Adorno (1969) in Mayring 1999, S. 20) ausgeht, orientiert sich direkt an der praktischen Problemstellung ihres Gegenstandsbereiches und bezieht die Resultate auf die Praxis (Mayring, 1999, S. 22).

Bei der Auseinandersetzung mit meiner Forschungsthematik ist es mir wichtig, die Menschen zu Wort kommen zu lassen. Die Punkte, auf die ich in meiner Erhebung Wert lege, sind nicht oder nur sehr schwer mit quantitativen Methoden, wie z.B. Fragebogenerhebungen, erforschbar. Sie gehen von dem persönlich Erlebten aus, welches nicht standardisierbar ist, da jeder Mensch eine andere subjektive Sicht auf erlebte Gegebenheiten hat. Auch Kleining (1991) führt in seinen Handlungsmaximen aus, dass wissenschaftliche Forschung dann ‚qualitativ' vorgehen soll, wenn die Gegenstände und Themen nach allgemeinem Wissensstand, nach Kenntnis des Forschers oder auch nur nach seiner Meinung komplex, differenziert, wenig überschaubar, widersprüchlich sind, oder wenn zu vermuten steht, dass sie nur als ‚einfach' erscheinen, aber – vielleicht – Unbekanntes verbergen.

Ich möchte mit dieser Studie Lebenswelten von ‚innen heraus' aus der Sicht der von mir befragten Studienteilnehmer beschreiben, was auch dem Anspruch der qualitativen Forschung gerecht wird (Flick, 2007, S. 14). Da sie sich in ihren Zugangsweisen zu der Forschungsthematik oft stärker und offener am eigentlichen Forschungsgegenstand orientiert, gelingt es ihr, tiefer in die Materie einzudringen, als dies mit standardisierten und dadurch auch stärker objektivistischen Methoden der Fall ist (Flick, 2007, S. 17).

Für die Konstruktion ihrer Erhebungsinstrumente, wie z.B. Fragebögen, benötigen standardisierte Methoden eine genaue Vorstellung über das zu untersuchende Subjekt. Damit verschließt sich diese Methode vor dem Neuen und Unerwarteten in der Forschung, was mit dem Einsetzen qualitativer Methoden jedoch noch näher untersucht werden könnte (Flick, 2007, S. 17).

Bezeichnend für die qualitative Forschung ist es, dass es nicht nur eine einzige festgelegte Methode gibt, sondern dass jedes Verfahren abhängig von Forschungsziel bzw. Fragestellung ausgewählt werden kann. Zentrales Kennzeichen nach Flick (2007) ist dabei die ‚Gegenstandsangemessenheit' von Methoden: Für fast jedes Verfahren lässt sich zurückverfolgen, für welchen besonderen Forschungsgegenstand es entwickelt wurde.

2.2 Konstruktion des Erhebungsinstruments

2.2.1 Einleitung

Laut Flick in 2007 ist qualitative Forschung immer dort zu empfehlen, wo es um die Erschließung eines bislang wenig erforschten Wirklichkeitsbereiches mit Hilfe von ‚sensibilisierenden Konzepten' (Blumer zitiert in Flick, 2007) geht. Durch den Einsatz von naturalistischen Methoden, wie z.B. Interviews, lassen sich erste Informationen zur Formulierung von Thesen gewinnen. Hier bilden qualitative Studien, wenn nicht eine Voraussetzung für, so zumindest eine sinnvolle Ergänzung zu quantitativen Studien (Flick, 2007, S. 25).

Um Daten für meine Forschung zu gewinnen, wählte ich die Methode des Interviews. Daraus ergab sich für mich die Fragestellung, welche Art von Interview für mein Vorhaben am geeignetsten ist. Jede Begegnung von Menschen stellt eine mögliche Interviewsituation dar und kann somit einen weiten Grad von Antworten hervorrufen oder anregen. Der Interviewer, wie auch die interviewte Person, benötigt eine Orientierung (Cicourel, 1970, S. 110). In der qualitativen Sozialforschung sind momentan viele verschiedene Strategien in Gebrauch.

Für mich stellte sich die Variante des Problemzentrierten Interviews als die günstigste heraus, da sie die Befragten im offenen Gespräch möglichst frei zu Wort kommen lässt, aber auf eine bestimmte Problemstellung fixiert ist, auf die der Interviewer im Gespräch immer wieder zurückkommt. Bei dieser Methode werden die Problemstellung im Vorfeld analysiert und bestimmte Aspekte dazu erarbeitet, die dann von ihm in einem Interviewleitfaden zusammengestellt werden (Mayring, 1999, S. 50).

2.2.2 Erarbeitung des Leitfaden geführten Interviews

Nach Helfferich (2005) haben sich in der Praxis der qualitativen Forschung Mischformen zwischen narrativen, d.h. freien erzählgenerierenden, und Leitfaden geführten Interviews durchgesetzt. Um die für meine Untersuchung relevanten Daten zu erhalten, wählte ich diese Form der Gesprächsführung, von der ich mir erhoffte, dass sie solche Äußerungen bzw. Texte generiert, die mir in der weiteren Auswertung entsprechende Ergebnisse ermöglichen.

Ich erarbeitete mir einen Interviewleitfaden (Anhang Nr. 1), der sich in vier erzählgenerierende Hauptteile gliederte. Im ersten Teil wollte ich von meinem Interviewpartner eine Reflexion seiner ersten Zeit im Ausland bewirken. Der zweite Teil betrachtete den gesamten Auslandsaufenthalt rückblickend, während ich im dritten Teil auf die Rückkehr nach Deutschland und die Reaktionen des persönlichen Umfelds des Interviewpartners hinarbeitete. Im vierten Teil wollte ich die Absicht eines erneuten Auslandsaufenthaltes erfragen. Der letzte Punkt bildete die Abschlussphase, in der nicht angesprochene Themen oder für den Interviewpartner wichtige Aspekte noch einmal aufgegriffen werden konnten.

Zu den vier thematischen Hauptkomplexen erarbeitete ich mir jeweilige Schwerpunktfragen, die mir ein Nachhaken erlaubten bzw. einer thematisierteren Zentrierung der Erzählung dienen sollten. Trotz der Hinführung auf mein Forschungsinteresse mit Hilfe des von mir erarbeiteten Leitfadens wollte ich den Erzählpersonen den Raum geben, ihre eigene Sicht der Dinge zu präsentieren bzw. ihr eigenes Relevanzsystem zu entfalten. Den Interviewten sollte die Möglichkeit gegeben werden, das Gespräch selbst mit zu strukturieren und zu dokumentieren und auch Fragen, die für sie nicht relevant erschienen, zu negieren (Bohnsack, 1999, S.20f).

2.2.3 Vorverständnis des Interviewers

Durch mein Studium der Wirtschaftshispanistik und dem damit verbunden Auslandsaufenthalt besitze ich denselben Erfahrungshintergrund, wie es bei den befragten Personen der Fall ist. Dies erleichterte es mir, Teilnehmer für mein Projekt zu akquirieren, den emotionalen Zugang zu meinen Interviewpartnern zu finden und dies für meine Forschung zu nutzen. Normalerweise sind Erzählpersonen vor dem Hintergrund gemeinsamer Erfahrungen offener, was das Erzählen von ‚Insider'-Wissen betrifft. Hierbei kann ich jedoch nicht beurteilen, inwieweit dadurch Text ‚verloren' gegangen ist, da die Gefahr besteht, dass sich die interviewte Person verkürzt ausdrückt in der Erwartung, ohne Explikation von mir verstanden zu werden (Helfferich, 2005, S. 108). In den geführten

Interviews und auch bei der Ausarbeitung der ausgewählten Thematiken half mir mein Vorverständnis, mich in die Lage der Befragten hineinzuversetzen und mich intensiv mit der jeweiligen Fragestellung auseinanderzusetzen. Da ich die Erzählpersonen durch das gemeinsame Studium bzw. gemeinsame Vorlesungen und Seminare bereits vorher kannte und wir zur gleichen Zeit das Auslandsjahr absolvierten, konnten sie davon ausgehen, dass ich ähnliche Erfahrungen wie sie gesammelt hatte und ihre Gefühle verstehen und interpretieren könne.

2.2.4 Das Interview

2.2.4.1 Durchführung der Untersuchung

Für meine Untersuchung habe ich, wie oben erwähnt, die Methode des Leitfaden geführten Interviews gewählt. Stichprobengrößen, die auch im Rahmen einer wissenschaftlichen Arbeit angemessen auswertbar sind, was die angestrebte Verallgemeinerbarkeit angeht, beginnen laut Helfferich (2007) mit N = 6. Aus diesem Grund führte ich sechs Interviews mit Studentinnen und Studenten meiner Hochschule durch. Diese nahm ich innerhalb eines Zeitraums von ca. einem Monat auf. Teilweise fanden die Gespräche in Räumen der Hochschule Zwikkau, z.B. in der Bibliothek, teilweise an meinem Wohnort Chemnitz statt. Ich informierte die Befragten im Vorfeld des Interviews zwar im Allgemeinen über die behandelte Thematik, jedoch nicht über meinen Forschungsschwerpunkt, da ich keine vorgefertigten Antworten erhalten wollte. Vor Beginn eines jeden Gesprächs informierte ich den Teilnehmer bzw. die Teilnehmerin mit einem Informationsblatt über den Umgang mit dem aufgenommenen Material und den Datenschutz (Anhang Nr. 2). Alle Interviews zeichnete ich mit Hilfe eines Aufnahmegerätes auf und sicherte diese in elektronischer Form.

2.2.4.2 Die Befragten

Für meine qualitative Studie befragte ich sechs Studentinnen und Studenten des Matrikel 2004 der Westsächsischen Hochschule Zwickau (WHZ). Um einen vielfältigen Einblick in die Erfahrungen der Befragten zu bekommen, interviewte ich je zwei Studenten bzw. Studentinnen der Studiengänge Diplom-Wirtschaftshispanistik, Diplom-Wirtschaftsfrankoromanistik und Diplom-Wirtschaftssinologie. Zwei der Teilnehmer sind männlichen und vier weiblichen

Geschlechts. Alle Befragten haben zur gleichen Zeit wie ich, im Wintersemester 2006 und im Sommersemester 2007, ihr obligatorisches Auslandsstudien – und Auslandspraxissemester in Spanien, Frankreich oder China absolviert. Alle Studienteilnehmer kannte ich bereits im Vorfeld durch das gemeinsame Studium bzw. gleiche Studienveranstaltungen. Mit allen verbindet mich ein mehr oder weniger starker freundschaftlicher Kontakt, was mir in Hinsicht auf eine positive Interviewatmosphäre sehr wichtig war. Um die Anonymität der Befragten zu wahren und keine Rückschlüsse auf ihre Person zuzulassen, bezeichne ich in meiner Arbeit die Interviewten unabhängig vom Geschlecht als ‚der Student', ‚der Befragte', ‚die Erzählperson' oder ‚die Person'.

2.3 Datenausarbeitung und -auswertung

2.3.1 Transkription

Um das Gesprächsverhalten für meine wissenschaftliche Bearbeitung des aufgenommenen Datenmaterials dauerhaft verfügbar zu machen (Kowal / O'Connel, 2007), verschriftlichte ich die gesprochenen Interviews in Transkripten. Die gesprochene Sprache unterscheidet sich jedoch in Grammatik und Satzstruktur oft von der geschriebenen Sprache. Es handelt sich um eine spezielle Form von Sprache (Fiehler/ Barden/ Elstermann/ Kraft, 2004). Zur besseren Nachvollziehbarkeit und um eine gewisse Objektivität beizubehalten, transkribierte ich die Gespräche wortwörtlich, ohne sie in Schriftsprache umzuwandeln. Auf Dialekte in der Aussprache habe ich keine Rücksicht genommen.

Da sich meine Zielsetzung und Fragestellung nur auf die inhaltlichen Aspekte der Interviews richtete, verzichtete ich auf die Entwicklung und Darstellung in einem Transkriptionssystem wie Kowal und O'Connell (2007) in ihrem Aufsatz zur Transkription von Gesprächen vorschlagen.

2.3.2 Aufbereitung des Datenmaterials

Um einen schnellen und genauen Überblick über mein Datenmaterial zu erhalten und die für die Untersuchung meiner Fragestellung prägnanten Textstellen leichter zu finden, war die Aufbereitung der Daten wichtig. Wie Deppermann (1999) vorschlägt, erstellte ich Gesprächsinventare zu den jeweiligen Interviews. Diese dienen u.a. dazu, einen systematischen Zugriff auf Materialstellen zur untersuchten Fragestellung zu gewährleisten, Gesprächsentwicklungen zu erkennen und eine Basis für die Formulierung einer Zusammenfassung des Gesprächs zu bilden (Deppermann, 1999, S. 32).

Im Deckblatt nahm ich die wichtigsten Rahmendaten für die Gesprächsaufnahme auf. In das Inventar des Gesprächsablaufs übernahm ich den groben Gesprächsverlauf des Interviews und notierte mir wichtig erscheinende Aussagen bzw. angesprochene Thematiken und Auffälligkeiten. Aus manchen Problemen ergaben sich auch weiterführende Forschungsfragen, die ich in das Inventar aufnahm.

2.3.3 Textinterpretation

Die gewonnenen Texte stellen die Basis für die Auswertung im Rahmen meiner Studie dar. Je nach Fragestellung und Methode der Datengewinnung gibt es in der qualitativen Sozialforschung verschiedene Ansätze, das Material aufzubereiten bzw. zu interpretieren (Flick, 2006, S.308). Die Methode der Auswertung, die ich gewählt habe, lehnt sich an die von Schmidt (2007, S.447) an. Diese Strategie fordert den offenen Charakter des theoretischen Vorverständnisses, verzichtet jedoch nicht auf explizite Vorannahmen und den Bezug auf die Theorietraditionen.

Den ersten Schritt stellt das intensive und wiederholte Lesen der transkribierten Interviews dar, wobei ich mich durch mein eigenes theoretisches Vorverständnis und meine Fragestellung habe lenken lassen. Für jedes transkribierte Interview protokollierte ich mir die vorkommenden bzw. angesprochenen Themen, auch die, die nur im weitesten Sinne mit der Fragestellung in Zusammenhang standen. Zu diesen Themen notierte ich mir die jeweiligen Aussagen der interviewten Personen und ordnete diese entsprechend den Themen zu. Nicht alle Themen wurden gleichermaßen in allen Interviews angesprochen. Dessen ungeachtet vermerkte ich mir Ähnlichkeiten bzw. Unterschiede in den untersuchten Fällen. Wie auch Schmidt (2007, S.450) bereits erwähnt, ist es wichtig, das Material beim Lesen und Annotieren nicht auf meine eigenen theoretischen Vorannahmen zuzuschneiden, indem ich die Auswertung darauf reduziere, nur nach Textstellen zu suchen, die sich als Beweis für meine Vorannahmen eignen. So half mir ein wiederholtes und bewusstes Lesen der Texte, nicht nur Textpassagen zu bemerken, die den Vorüberlegungen entsprachen, sondern auch solche, die dafür weniger geeignet schienen. In den Interviews wurde auf eine Vielzahl von Themen eingegangen. Da die Bearbeitung all dieser den Umfang meiner Untersuchung übersteigen würde, bin ich nur auf einige ausgewählte Thematiken eingegangen, die in fast allen Interviews mehr oder weniger stark auftraten. Für die Bearbeitung der von mir aus den Texten herausgearbeiteten Fragen zog ich fachspezifische Literatur zu Rate, welche es mir ermöglichte, die aufgegriffenen Problematiken und zitierten Aussagen in einen passenden theoretischen Rahmen zu setzen. Besonders hervorheben möchte ich noch einmal, dass ich mit dieser Ausarbeitung der Interviews keinen Anspruch auf Verallgemeinerbarkeit stelle. Dies ist lediglich eine Studie, die aufzeigen soll, wie diese sechs Studenten ihren Auslandsaufenthalt bewältigt haben. Sie könnte vielleicht als Ansatz einer Tendenz betrachtet werden, wobei jedoch immer die unterschiedlichen Ausgangssituationen und natürlich auch Persönlichkeitsmerkmale der jeweiligen Auslandsreisenden beachtet werden müssen.

3 Darstellung der Ergebnisse

3.1 Kurzdarstellung der geführten Interviews

3.1.1 Interview mit FRA-1

Im ersten Teil des geführten Interviews spricht die Erzählperson über ihre Unsicherheit in der Anfangszeit an der Hochschule in Frankreich, wo sie studierte, und die Überwindung dieser. Sie erzählt von prägenden Momenten, Plätzen und Lokalitäten, die sie mit Frankreich und ihrem Aufenthalt dort verbindet und erwähnt Kernaspekte der französischen Mentalität. Einen großen Teil des Gesprächs bildet die Reflexion des Auslandsjahres, welches die Erzählperson rückblickend als sehr positiv betrachtet. Es werden verschiedene Themen angesprochen, wie z.B. die Änderung der Auffassung von Freundschaft, ihre Erwartungen und der Auslandsaufenthalt als Reifeprozess. Einen sehr wichtigen Punkt, auf den die Erzählperson im Laufe des Interviews immer wieder zurückkommt, bildet die Beziehung zur Heimat und das damit verbundene Heimweh.

Im letzten Teil des Interviews wird die Gefühlslage nach der Rückkehr aus dem Ausland genauer betrachtet. Die interviewte Person berichtet von einer veränderten Wahrnehmung nach dem Auslandsaufenthalt, aber auch von der Entfremdung, die sie bei ihrer Rückkehr gespürt hat, da die Daheimgebliebenen, wie Familie und Freunde, die von der Erzählperson gemachten Erfahrungen nicht nachvollziehen können. Abschließend zieht sie noch einmal ein Resümee aus dem Auslandsjahr und bejaht die Frage nach einem erneuten Aufenthalt unter bestimmten Voraussetzungen.

Die interviewte Person spricht insgesamt sehr reflektierend über ihren Aufenthalt in Frankreich. In Bezug auf die Artikulation und die Reflexion ihrer Gedanken und Erlebnisse wirkt sie sehr reif für ihr Alter. Anfangs kommt sie sehr schwer ins Erzählen, was sich jedoch im Laufe des Interviews relativiert.

3.1.2 Interview mit FRA-2

Den Einstieg in dieses Interview bilden die Ankunft der Erzählperson am neuen Wohnort im Ausland und die erste Nacht im französischen Wohnheim. Sie schildert die Situation vor Ort, den Kontakt zu den Mitstudenten und die Wohnsituation. Bezeichnend für ihren Aufenthalt sei es gewesen, dass sie schnell Freundschaften mit französischen Studenten geschlossen habe. Dabei liegt die Betonung durch die interviewte Person immer auf dem Aspekt, dass sie mit anderen Erwartungen an die französische Mentalität angekommen ist. So hatte sie anfangs das Vorurteil der Franzosen als ‚Eigenbrötler', erlebte sie dann jedoch als offen und aufgeschlossen ihr gegenüber.

Ein weiteres zentrales Thema in dem geführten Interview bildet die problematische Zeit des Praktikums in Frankreich, welche die Erzählperson in der Hinsicht stark beeinflusst hat, dass sie ihre eigene Person und ihre Verhaltensweisen überdacht hat und sich ihrer Wünsche für den späteren Lebensweg bewusst geworden ist. So spricht sie auch über die Veränderung der Sichtweise auf manche Dinge nach dem Aufenthalt in Frankreich, wie z.B. mehr Toleranz gegenüber bestimmten Situationen. Rückblickend betrachtet die interviewte Person das Auslandsjahr als ‚fast durchweg positiv' und wäre auch, aufgrund der überwundenen Herausforderung, einem erneuten Auslandsaufenthalt nicht abgeneigt. Ein Punkt, auf den sie am Ende noch einmal vertieft eingeht, ist das Überdenken des eigenen Lebensweges. So stellt sie ihre momentane Lebensplanung in Frage und erzählt von ihren beruflichen und privaten Vorstellungen und Wünschen für ihre Zukunft.

3.1.3 Interview mit SPA-1

Den ersten Teil der Erzählung der interviewten Person bilden die Anfangszeit des Auslandsaufenthaltes, d.h. die Wohnungssuche, das Einfinden in die neue Situation und die Integrationsversuche in die neue Kultur. Anfangs verhält sie sich sehr unsicher im Interview und weiß nicht genau, was sie erzählen soll bzw. kann. Ein zentrales Thema während des gesamten Interviews ist der Verlust von Kontakten und Bindungen, speziell nach der Rückkehr in die Heimat, welches von der Erzählperson im Laufe des Gesprächs immer wieder aufgegriffen wird.

So spricht sie beispielsweise von einem veränderten Freundeskreis, dem Sich-Fremd-Fühlen und der Veränderung ihrer eigenen Sichtweisen. Des Weiteren betont sie häufig, dass das erste dreiviertel Jahr sehr schön und ohne nennenswerte Probleme verlief, jedoch die letzten drei Monate eher als negativ empfunden wurden.

Insgesamt spricht die Erzählperson sehr reflektierend über ihre Zeit im Ausland und auch über die verschiedenen Mentalitäten ihrer eigenen und der fremden Kultur. Sie kommt dabei auch immer wieder auf den Freundeskreis im Gastland als Familienersatz zu sprechen, der ihr eine große Hilfe bei der Integration in die Gastkultur gewesen ist.

3.1.4 Interview mit SPA-2

In diesem geführten Interview kommt die Erzählperson erst im Laufe des Gesprächs ins Erzählen. Auf persönliche Fragen nach Gefühlen antwortet sie anfangs meist anekdotenhaft oder mit dem Berichten von Episoden.

Den großen thematischen Schwerpunkt des Gesprächs bildet die Thematik des Genießen-Könnens und des Sich-Frei-Fühlens bzw. der ‚mentalen Freiheit'. Die Erzählperson gibt an, den Auslandsaufenthalt als fast durchweg positiv und ohne nennenswerte Schwierigkeiten erlebt zu haben. Sie vergleicht den Aufenthalt mit einem Umzug in eine andere Stadt. Diese ‚Leichtigkeit' der Bewältigung der Situation kommt auch oft in ihren Äußerungen vor. Immer wieder kommt sie auf das Genießen zu sprechen und darauf, sich ganz auf die neue Kultur einzustellen. Doch auch die Vorbereitung und der Rückhalt von Zuhause spielen eine zentrale Rolle.

Die Erzählperson reflektiert kaum ihre Gefühle während der Zeit im Ausland, aber sie setzt sich zum Schluss in den Vergleich zu Mitstudenten, denen der Auslandsaufenthalt nicht so leicht gefallen ist und betont damit noch einmal die Mühelosigkeit des Ganzen. Auf die Selbstdarstellungsstrategie der Interviewperson möchte ich an späterer Stelle noch einmal gesondert eingehen.

3.1.5 Interview Nr. 07-07-08-CHI-1

Den Anfang des Gespräches mit der Erzählperson bildet die Ankunft in Peking und die ersten ‚schockierenden' Eindrücke der Stadt. Im Verlauf des Interviews baut die interviewte Person eine Erzählung auf und beschreibt ihre Entwicklung während der Zeit im Ausland. Sie entwickelt im Lauf des Gesprächs ein chronologisches Bild, wie man sich in China geben und bewegen sollte. Dabei betont sie immer wieder, dass sie sich durch den Auslandsaufenthalt nicht wissentlich verändert hat und sich auch nicht anpassen wollte. Das Anpassen, das Beachten der kulturellen Gegebenheiten sowie die Wahrung der eigenen Identität sind zentrale Themen des Gesprächs.

Auch in diesem Interview berichtet die Erzählperson über die mangelnden Reaktionen und das mangelnde Interesse des persönlichen Umfeldes am Auslandsaufenthalt nach der Ankunft daheim. Trotz dessen ist die interviewte Person einem erneuten Aufenthalt im Ausland nicht abgeneigt. Insgesamt spricht sie sehr verständig und reflektierend von ihrer Auslandszeit, was möglicherweise auch daran liegt, dass sie schon einmal für eine längere Zeit im Ausland war und somit schon Erfahrungen in dieser Hinsicht aufweist.

3.1.6 Interview Nr. 09-07-08-CHI-2

Im ersten Teil des Interviews berichtet die Erzählperson über ihre Anfangszeit im Ausland, ihre Erwartungen und Eindrücke. Sie erzählt vom Unterricht an der Hochschule in Shanghai und die dortige Mentalität. Ein Schwerpunkt des Gesprächs liegt auf den Unterschieden in der Denkweise zwischen der deutschen und der chinesischen Kultur. So erwähnt die interviewte Person das Verhalten der Chinesen gegenüber Ausländern, obwohl sie sich selbst nach einer Weile nicht mehr als Ausländerin gefühlt hat.

Einen weiteren Aspekt des Gesprächs bildet die Selbstreflexion der Erzählperson hinsichtlich ihres eigenen Verhaltens und ihrer eigenen Persönlichkeit, wie z.B. der Steigerung des Selbstbewusstseins und der Umgang mit anderen Menschen.

Auch die Erfahrung der Rückkehr und die damit verbundenen intensiven Gefühle und die fehlende Anteilnahme der Familie und der Freunde sind wichtige Punkte für die interviewte Person. Im letzten Teil kritisiert sie die fehlende Aufarbeitung der beiden Auslandssemester durch die Hochschule und schlägt vor, den Auslandsaufenthalt innerhalb des Studiums vorzuverlegen, um danach mehr Zeit für die Aufarbeitung zu finden.

3.2 Angesprochene Themen

3.2.1 Erwartungen und Vorbereitung

"What we anticipate seldom occurs, what we least expected generally happens."
(Benjamin Disraeli, 1804 – 1881)

Ein Auslandsaufenthalt ist i.d.R. mit hohen Erwartungen seitens der Auslandsreisenden verbunden. Auch die von mir befragten Studenten äußerten in den geführten Interviews ihre Erwartungen, die sie an das Auslandsjahr, die fremde Kultur und auch an sich selbst hatten. Erwartungen an die neue Umgebung sind in dem Sinne wichtig, dass sie den Anpassungsprozess regulieren, weil sie eine positive oder negative Einstellung bewirken. So nimmt die ausführliche Vorbereitung auf den künftigen Wohnort einen hohen Stellenwert ein, da sie hilft, Erwartungen zu konkretisieren und unreflektierte Einstellungen zu reflektieren und zu verändern (Fischer & Fischer, 1990, S. 143).

Aus meiner Studie geht hervor, dass die Studenten mit teils sehr unterschiedlichen Erwartungen an das Auslandsjahr herangegangen sind. So trug u.a. auch die Vorbereitung in Seminaren der Hochschule zum Aufbau von Erwartungsbildern bei, die dann aber z.T. nicht mit den gemachten Erfahrungen der Studenten übereinstimmten. So berichtet die befragte Person FRA-2 von ihren Eindrücken, die aus deren Sicht nicht mit ihrer Erwartungshaltung konform war, folgendes: „also die waren relativ aufgeschlossen […] die Leute. Hätte ich gar nicht erwartet" (FRA-2, Z: 85). Im Unterricht wurde das vermittelt, „was man von Franzosen so sagt" (FRA-2, Z: 88). Der Stereotyp des Franzosen, die sind „so Eigenbrötler halt" (FRA-2, Z: 89). Über die Vorbereitungsseminare meint sie demzufolge:

> *„Man wird zwar in gewisser Weise schon drauf vorbereitet oder weiß schon gewisse Sachen. Aber, also ich konnte das noch nicht wirklich umsetzen." (FRA-2; Z: 307) „Was wir zum Beispiel über Frankreich gelernt haben in den Vorlesungen." (FRA-2; Z: 311)*

Vergleichend zu anderen Studenten aus dem Kurs, die auch das Auslandsjahr in Frankreich verbrachten haben, meint sie:

> *„Aber ich hab den Eindruck, ich hab total andere Erfahrungen gemacht, als andere Menschen in meinem Kurs." (FRA-2, Z: 313) „Und viele haben viel mehr, hab ich den Eindruck, auch so dieses typisch Französische – ja erlebt." (FRA-2, Z: 318)*

Diese Meinung resultiert daraus, dass sie, wie schon erwähnt, nicht die ‚typischen Franzosen' kennengelernt hat, die ihrer Meinung nach eher zurückhaltend sind, sondern in ihrem Gastort in Frankreich einem aufgeschlossenen Umfeld gegenüberstand.

Die von mir befragten Studenten gaben fast alle an, dass sie mit positiven Erwartungen an das Auslandsjahr herangegangen sind.

> *„Ich hab mich vorher wahnsinnig drauf gefreut und als es dann endlich losging und ich da war, das fand ich einfach herrlich" (SPA-2, Z: 29).*

Eine erfolgreiche Methode, einer Enttäuschung im Gastland vorzubeugen, war - wie im Beispiel der Person CHI-2 - vor Beginn der Auslandsreise eine gelassene Grundhaltung ohne Erwartungsdruck anzunehmen:

> *„ich hab versucht, mir vorher nicht so viele Gedanken zu machen" (CHI-2, Z: 12) „Ich hab versucht, relativ beruhigt hinzufliegen [...] damit ich auch nicht enttäuscht werde" (CHI-2, Z: 14) und „dadurch kam ich eben hin und fand's toll" (CHI-2, Z: 15).*

Von einer anderen Form der Vorbereitung berichtete die Erzählperson SPA-2. Sie war schon zuvor, im Rahmen einer Urlaubsreise, im Gastland gewesen und hatte sich bereits zu dieser Zeit um eine Unterkunft gekümmert, was ihr einen großen Teil der Ungewissheit und des Drucks nahm: „Ich hatte meine Wohnung. Ich hatte diese ganze äh stressige Sache nicht am Anfang, die andere hatten." (SPA-2, Z: 67). Das erleichterte die Ankunft im Gastland sehr, so „dass der Start einfach viel entspannter gewesen ist" (SPA-2, Z: 69). Weiterhin ist eine gewisse Lockerheit und entspannte Denkweise beim Herangehen an das ‚Abenteuer' Ausland von Vorteil. Denn,

> *„wenn man wirklich mit einem gewissen [...] offenen Denken rangeht und man [...] Spaß an der Sache hat [...] und sich vorher schon damit auseinander gesetzt hat, dann hast du da keine wirklichen Schwierigkeiten" (SPA-2, Z: 166).*

Unbekannte Situationen können so entspannter bewältigt werden, wie auch FRA-1 berichtet, für die die mangelnde Organisation in Frankreich neu war.

> *„Da wusste ich, das bringt nichts, sich da aufzuregen, weil sich schon alles ordnen wird. Also ich bin da ganz ruhig geblieben. Und hatte auch Kommilitonen aus Deutschland dabei, die da noch mehr geplant hatten und dadurch war das dann alles ganz...Ich hab mich da mehr oder weniger zurückgelehnt und alles auf mich zukommen lassen" (Z: 49).*

Insgesamt betrachtet sind eine gezielte Vorbereitung, eine positive und besonnene Grundeinstellung und niedrig gehaltene Erwartungen für die befragten Studenten die wahrscheinlich besten Voraussetzungen für einen entspannten Umgang mit der neuen Situation, mit der sie im Ausland konfrontiert werden. Eine gewisse Gelassenheit bei der Bewältigung von auftretenden Hürden kann die mentale Belastung der neuen Kultur vermindern und so einer schnelleren Integration förderlich sein.

3.2.2 Heimat

„Heimat ist da, wo ich verstehe und wo ich verstanden werde.“

(Karl Jaspers, 1883-1969)

In der von mir erhobenen Studie kommen die Befragten oft auf das Heimweh während des Auslandsaufenthaltes oder den Begriff der Heimat zu sprechen. Heimat wird von den Studenten sowohl in Bezug auf das Zuhause in Deutschland als auch auf den Wohnort im Gastland genannt. Mit Verlagerung des Wohnorts für eine bestimmte Zeit in das jeweilige Land gehen vielschichtige Veränderungen in Bezug auf die eigene Ortsidentität der Studenten einher (Fischer & Fischer, 1990, S. 141).

Mit dem Begriff der Heimat werden vermeintlich eindeutig positive Gefühle, wie Sicherheit, Vertrautheit, Geborgenheit, welche man in Bezug auf eine bestimmte Umgebung erlebt, assoziiert. Dabei ist es nicht wichtig, ob die Umgebung objektiv Sicherheit vermittelt, sondern nur, dass es von den Beteiligten subjektiv so empfunden wird (Mitzscherlich, 2000, S. 98).

Ein völlig gegenteiliges Bild des Gastortes in Frankreich erhielt die befragte Person FRA-1 während ihres Aufenthaltes dort. Über die Stadt Anncy sagt sie: „ich hab manchmal [...] den Eindruck, dass es nicht so dem allgemeinen Bild von Frankreich vielleicht entspricht“ (FRA-2, Z: 327). Sie gibt an, dass in der interkulturellen Vorbereitung im Studium ein anderes Bild von Frankreich vermittelt wurde, in welchem die Franzosen als verschlossene ‚Eigenbrötler‘ dargestellt wurden. Im Interview berichtet sie, dass sie sich aber sehr wohl dort gefühlt habe, weil: „Anncy halt, das ist echt eine superharmonische Stadt“ (FRA-1, Z: 325) und „wo ich manchmal denke, wenn ich jetzt in Paris oder Lyon gewesen wäre oder irgendwo anders, dass ich das vielleicht anders erlebt hätte“ (FRA-1, Z: 331), da diese Städte größer und anonymer sind. Im Gespräch kommt immer wieder hervor, dass sich die Erzählperson in ihrem Ort sehr wohl gefühlt hat und dieser zur zweiten Heimat für sie geworden ist. Laut Rost (1984, zitiert in Mitzscherlich) sagt das Heimatgefühl also schlussendlich etwas über die Übereinstimmung einer Umgebung mit der aktuellen Bedürfnislage einer

Person aus. Ein Fazit, welches FRA-1 aus dem Auslandsjahr zieht ist, „dass ich doch mehr an meiner Heimat hänge, als ich gedacht habe“ (Z: 71). Auf die veränderte Blickweise auf das Heimatland nach einem längeren Auslandsaufenthalt möchte ich an späterer Stelle noch etwas genauer eingehen.

In der Humanpsychologie geht man davon aus, dass der Mensch ein zentrales Bedürfnis nach Selbstverwirklichung in sich trägt. Heimat kann also unter Umständen als ein Ort gesehen werden, der Selbsterkenntnis, Selbstentfaltung und Selbstverwirklichung zulässt, welches durch soziale Akzeptanz, Wärme und emotionale Einfühlung gestützt wird (Mitzscherlich, 2000, S. 99). Insgesamt existieren in den verschiedenen Richtungen der Psychologie verschiedene Konzepte und Modelle zum Thema Heimat, wobei es jedoch im Rahmen dieser Arbeit zu umfangreich wäre, auf alle gesondert einzugehen.

In der Ethnologie bzw. der Kulturanthropologie wird der Heimatbegriff im Zusammenhang mit der Identität diskutiert. So definiert z.B. der deutsche Volkskundler und Germanist Hermann Bausinger „Heimat als Gesamtheit menschlicher Bezüge zum sie umgebenden geographischen, sozialen und kulturellen Nahraum“ und als „Basis von Identität“ (zitiert in Mitzscherlich, S. 102). Ferner begründet die Frankfurter Kulturanthropologin Ina-Maria Greverus (1995) Heimat nicht nur mit der Natur des Menschen, sondern mit sich und mit seinem Bedürfnis nach Identität, Zugehörigkeit und Zusammengehörigkeit sowie danach, die Umwelt erst zur Heimat zu machen. Sie definiert Heimat als „Lebensraum, in dem die Bedürfnisse nach Identität (dem Sich-Erkennen, Erkannt- und Anerkanntwerden), nach materieller und emotionaler Sicherheit, nach Aktivität und Stimulation erfüllt werden, ein Territorium, das sich die Menschen aktiv aneignen und gestalten, das sie zur Heimat machen und in dem sie sich einrichten können“ (Greverus, 1995, S.24).

So kam es, dass der Auslandsort nach gewisser Zeit als Heimat empfunden wurde, wie im Beispiel von FRA-1:

> *„das ist auch eine Gewohnheitssache denk ich. Man hat ja auch bestimmte Orte und Plätze jeden Tag gesehen, auf dem Weg zur Arbeit.*

> *Am Wochenende auch bestimmte Rituale gehabt. Und das ist ja dann schon irgendwie Heimat gewesen in dem Moment" (Z: 140).*

Eine andere befragte Person gibt an, dass sie im Ausland in verschiedenen Lebensbereichen aktiver war als in Deutschland.

> *„Ich hab in Frankreich ganz viel Sport gemacht. Also ich war dort joggen [...] Ich hasse joggen ja" (FRA-2, Z: 178).* Einen genauen Grund dafür kennt sie nicht. *„Aber dort war das halt so schön und ich hatte dort echt so einen Lebensrhythmus." (FRA-2, Z: 179) „Ich bin auch gerne so gutes Essen einkaufen gegangen und hab dann gekocht und so." (FRA-2; Z: 183)* Zurück in Deutschland meint sie: *„das ist total verloren gegangen" (FRA-2, Z: 187) „so ein Lebensgefühl einfach" (FRA-2, Z: 189).*

Warum dieses Lebensgefühl nur in Frankreich existierte und nicht auf die Lebensart in Deutschland übertragen wurde, konnte FRA-2 auch auf Nachfrage nicht begründen. Bezogen auf meinen eigenen Auslandsaufenthalt vermute ich, dass das selbstbestimmte Leben am Auslandsort, fernab vom ‚geordneten deutschen', lernintensiven Studentenalltag dazu anregt, sich mehr mit sich selbst und den eigenen Bedürfnissen zu befassen.

Die Anthropologie geht von einem Grundbedürfnis des Menschen nach Heimat aus. So spielen die Aspekte Selbsterhaltung (Sicherheit, Bewegungsfreiheit, Orientierung), Selbstverwirklichung (Autonomie, Handlungskompetenz, Befriedigung produktiver Bedürfnisse), soziale Integration (Zugehörigkeit, Anerkennung, Sicherung sozialer und kommunikativer Bedürfnisse), Selbsterkenntnis (Selbstpositionierung, Identität) und Kultivation (Teilhabe an einem kulturellen Prozess, der über die individuelle Existenz hinausgeht) eine wichtige Rolle in der Frage, was von Menschen als Heimat betrachtet wird (Mitzscherlich, 2000, S. 103).

Menschen definieren sich nicht nur über ihre soziale Identität, sondern sie beziehen darin auch bestimmte Orte mit ein, die bei ihren sozialen Rollen eine Bedeutung spielen. Zu diesen Orten werden oft besondere Bedeutungen entwickelt, die eng mit dem eigenen Selbstkonzept verbunden sind (Schreiner, 2007, S. 34). Die Wahl des Wohnortes zum Beispiel ist im interkulturellen Kontext wichtig für den Aufbau neuer Personen-Umwelt-Beziehungen (Fischer & Fischer 1990, S. 145). So ist ein gewisses kulturelles Zusammenpassen - auch als ‚cultural-fit' bekannt - der Person und der Kultur wichtig für einen erfolgreichen Anpassungsprozess. Beispielsweise werden Orte im Ausland zu einem Bezugspunkt für die deutschen Studenten, die mit gewissen (meist positiven) Gefühlen behaftet sind und an die sie sich auch noch später gern zurück erinnern. „Die Plätze, wo man am Anfang immer war, da ist man dann auch nach einem halben Jahr immer noch gern hingegangen" (FRA-1, Z: 34).

Wie auch aus der Studie ersichtlich wird, gibt es eine vermeintlich kulturelle Entwicklung dahingehend, dass es für die verschiedenen Bedürfnisse der Menschen auch mehrere Heimaten geben kann. So wird für einige Studenten der Wohnort im Gastland zur zweiten Heimat, weil sie sich dort einen Freundes- und Bekanntenkreis geschaffen haben, regelmäßigen sozialen Aktivitäten nachgehen, z.B. wie im oben erwähnten Beispiel Joggen und Kochen und sich in ihrer Person akzeptiert und bestärkt fühlen. Jedoch war zu beobachten, dass die eigene Heimat emotional aufgeladen wurde. „hier [in Deutschland] ist alles schön, alles geordnet" (SPA-1, Z: 175). Dies geschieht i.d.R. deswegen, um einer psychischen Bedrohung z.B. durch den ‚Einbruch des Fremden' in Form einer fremden Kultur entgegenzuwirken und sich selbst das Gefühl von Gemeinschaft und auch Geborgenheit zu vermitteln (ebd., S. 117). So kann es aber dazu kommen, dass durch ein permanentes Vergleichen des alten mit dem neuen Heimatort/es der Anpassungsprozess an die neue Kultur entweder erschwert oder auch erleichtert wird, abhängig davon, wie sich die neue Umgebung mit den persönlichen Neigungen und Gewohnheiten deckt (Fischer & Fischer, 1990, S. 150).

Auch Heimweh spielt in den Interviews eine Rolle. So berichten die Studenten FRA-1 und CHI-2 übereinstimmend, in der Anfangszeit des Auslandsjahres kein Heimweh erlebt zu haben. „Ich hatte da kein Heimweh oder so, weil dazu kam es gar nicht" (FRA-1, Z: 9). Auch „ich hatte kein Heimweh" (CHI-2, Z: 25). Aus meiner eigenen Erfahrung kann ich sagen, dass auch ich in der ersten Zeit im Gastland keine oder nur sehr geringe Sehnsucht nach daheim verspürte. Ich erkläre mir das damit, dass ich besonders in der Anfangszeit viele Eindrücke verarbeiten musste und jeder Tag für mich eine neue Herausforderung darstellte. Gegen Ende des Auslandsaufenthaltes, nach ca. sieben Monaten, stellte sich dann doch Heimweh bei den Befragten ein. „Also ich hatte ganz schlimmes Heimweh, teilweise“ und „ich weiß nicht, ob das normal ist“ (FRA-1, Z: 75). Gerade zum Schluss, wenn das fremde Land vertraut geworden ist, der Alltag zu einer gewissen Routine geworden und die Psyche zur Ruhe gekommen ist, werden einem die Unterschiede zur eigenen Kultur noch stärker bewusst und die Sehnsucht nach Altbekanntem steigt. Der Wunsch, die vertraute Umgebung und das soziale Umfeld wiederzusehen und ohne sprachliche und adaptive Anstrengungen zu agieren wird immer stärker, so dass die Heimat emotional stark aufgewertet und das Heimweh größer wird.

Besonders die Beziehungen zu anderen Personen und die Integration in soziale Netzwerke beeinflussen und bestimmen das Heimatgefühl. Denn „es ist schwer möglich, einen Ort als Heimat zu empfinden, wo man isoliert ist“ (Mitzscherlich, 2000, S.118). Dem entspricht auch die Idee des ‚sense of community‘ aus der Gemeindepsychologie, welches von einem Gefühl der Zusammengehörigkeit mit anderen und dem Gefühl von Mitverantwortung für die Gemeinschaft ausgeht. Sich in eine soziale Gruppe eingebunden zu wissen stärkt das psychische Wohlergehen und ist zugleich eine Voraussetzung für persönliches Engagement (ebd, S. 119). Durch die Hilfe von außen wie z.B. der ausländischen Hochschule gelang es auch den Befragten, die Anfangszeit zu meistern. „Also es war nicht so, dass ich jetzt sagen kann, ich hatte typische Einstiegsschwierigkeiten – weil die Hilfe von allen Seiten einfach da war“ (FRA-2, Z: 17). „Aber auch in der Uni und vor allem im Wohnheim halt, das war echt immer eine super, also waren alle offen, alle nett“ (FRA-2, Z: 94). Auf die Wichtigkeit der Unterstützung möchte ich später im Punkt ‚Soziale Unterstützung‘ noch einmal genauer eingehen.

Doch auch, wenn sich die Studenten nach einigen Monaten im Gastland als dazugehörig und einheimisch fühlten, gingen das Selbstbild, welches sie von sich hatten und das Fremdbild, welches sie nach außen vermittelten, stark auseinander: „man hat sich selber nicht mehr so als Tourist gefühlt. Und dann wird man trotzdem noch [...] als Tourist betrachtet“ (CHI-2, Z: 76).

Zusammenfassend ist zu sagen, dass in der heutigen Zeit, in der Auslandstätigkeiten keine Seltenheit mehr sind und die Welt einem globalen Dorf gleicht, Heimatlosigkeit zu einer Alltagserfahrung ganz normaler Menschen zu werden scheint. Die Schwierigkeit für immer mehr Personen besteht darin, ihre Heimat zu finden, zu definieren und zu gestalten. Heimat ist kein ewig erreichter Zustand, sondern man kann Beheimatung als ständigen und möglicherweise dauerhaften Prozess erleben, der mit der Aneignung und Gestaltung von Orten, sozialen Beziehungen, kulturellen Orientierungen und der Herstellung von subjektivem Sinn zu tun hat (Mitzscherlich, 2000, S.128,138).

3.2.3 Der Kulturschock

> "Now when an individual enters a strange culture, all or most of these familiar cues are removed. He or she is like a fish out of water."
>
> (Kalervo Oberg, 1960)

Der Begriff des Kulturschocks ist mittlerweile ein Alltags – und fast Modewort, welches häufig von Journalisten gebraucht wird ohne genauer definiert zu werden (Bracht, 1994, S.91). Der US-amerikanische Anthropologe Kalavero Oberg spricht 1955 in seinen Untersuchungen über die Anpassungsschwierigkeiten von jungen Amerikanern in Brasilien zum ersten Mal die Problematik des Kulturschocks an. Er definiert den Kulturschock als „anxiety that results from losing all our familiar signs and symbols of social intercourse“ (Oberg, 1960, S. 175). Der Kulturschock bezeichnet zunächst einmal einen schockartigen Zustand, den eine Person erleidet, die mit einer fremden Kultur konfrontiert wird und dabei ein Gefühl des Verlassen- werdens und von Hilflosigkeit erlebt. Der Begriff bezeichnet aber auch den Verlauf der gesamten Krise, die man dabei durchläuft. Das Konzept des Kulturschocks wird am häufigsten angewandt, um die Erfahrungen von Menschen zu analysieren, die über bestimmte Zeiträume in einem anderen Land leben (Bracht, 1994, S. 91).

Oberg hat diesen Verlauf in vier Phasen unterteilt.

Phase	**Merkmale**
Honeymoon	Begeisterung und Faszination für die fremde Kultur dominieren. Zu den Gastgebern bestehen freundliche, oberflächliche Beziehungen.
Crisis	Unterschiede der Sprache, Konzepte, Werte und Symbole zwischen der Heimat und der Gastkultur bewirken Gefühle der Unzulänglichkeit, Angst und Verärgerung. Vermehrt wird der Kontakt zu anderen Landsleuten gesucht.
Recovery	Die Kenntnisse der Landessprache verbessern sich. Man findet sich in der neuen Umgebung zurecht. Die Einstellung gegenüber der Gastkultur verbessert sich wieder.
Adjustment	Die Eingliederung ist abgeschlossen. Man akzeptiert die Gepflogenheiten der anderen Kultur. Ängste treten kaum mehr auf.

Die befragten Studenten berichten von ihren Gefühlen in verschiedenen Stadien ihres Auslandsaufenthaltes. So beschreibt z.B. die interviewte Person CHI-2 die Anfangszeit als „ja – euphorisch“ (Z:18). „Jeden Tag neue Leute, neue Dinge kennen lernen“ (Z:18). Sie hat auch kein Heimweh, „weil alles so neu war und aufregend“ (Z:24). Auch die ersten Impressionen, die die Studenten bei ihrer Ankunft im Gastland erhielten, hinterlassen einprägsame Erinnerungen.

> So erzählt die Person CHI-1, dass *„der erste wirklich bleibende Eindruck, den ich noch im Kopf hab, die Fahrt vom Flughafen zum Wohnheim“* und *„diese ersten Minuten irgendwie in die Stadt zu fahren waren irgendwie [...] total krass“. (Z: 13)* So ist CHI-1 von den Eindrücken bei der Ankunft und der Situation überwältigt. *„Wir haben einfach nur geschwitzt“ (CHI-1, Z: 27). „Wir waren total fertig vom Flug noch“ und „diese – die ersten Eindrücke, die wir da gesehen hatten, waren ja teilweise auch nicht direkt äh das Stadtzentrum, aber schon moderne Teile von Peking. Aber irgendwie hat man sich trotzdem gefühlt, als wär's einfach nur ein Riesenkonglomerat aus Stein und Beton. Mit wenig irgendwie ...Pflanzen und Charakter irgendwie“ (Z: 28).*

Bei dieser Erzählung merkt man förmlich, was der Student beim Anblick der Stadt empfand: „das war schon irgendwie so ein kleiner Schock“ (Z:33). Und er verspürt Zweifel und Unsicherheit ob der vielen Erfahrungen, die auf ihn zukommen werden. „Und mal gucken, wie du dich überhaupt zurechtfindest und reinkommst.“ (Z:35)

Verunsicherung, besonders im Hinblick auf die Gültigkeit der eigenen kulturellen Grundannahmen, Werte und Normen, das Gefühl der Isolation im Gastland, Niedergeschlagenheit, Verärgerung und Misstrauen gegenüber den Menschen der fremden Kultur und Sorgen um den eigenen Gesundheitszustand sind typische Anzeichen für einen Kulturschock nach Oberg auf der Ebene des Erlebens. Auf der körperlichen Seite kann sich das außerdem z.B. in Schlafstörungen und Appetitverlust äußern. Auf der Verhaltensebene kann sich ein Kulturschock in der Abkapselung gegenüber Einheimischen bemerkbar machen. (Kühlmann, 1995, S.7) So gibt z.B. die interviewte Person SPA-1 zu:

> *„Obwohl, ich muss ehrlich sagen, ich hab mich erstmal unter den anderen Ausländern wohler gefühlt, wenn ich mit denen geredet hab, anstatt mit Spaniern jetzt“ (Z: 42) „Weil ich wusste, die können auch nicht so gut und verstehen dich mit deinem Ausländerspanisch besser, als wenn ich jetzt zu jemandem hingeh, der – wo ich die – also der mich jetzt nicht gleich versteht, was ich will“ (Z: 45).*

Weitere Anzeichen können sich in der verstärkten Suche nach Beziehungen zu den eigenen Landsleuten, einem erhöhten Alkoholkonsum, dem Widerstand, die Sprache des Gastgebers zu sprechen und zu lernen sowie abwertenden Bemerkungen gegenüber dem Gastland bemerkbar machen (Kühlmann, 1995). Diese wurden in den Gesprächen mit den Studenten jedoch nicht erwähnt.

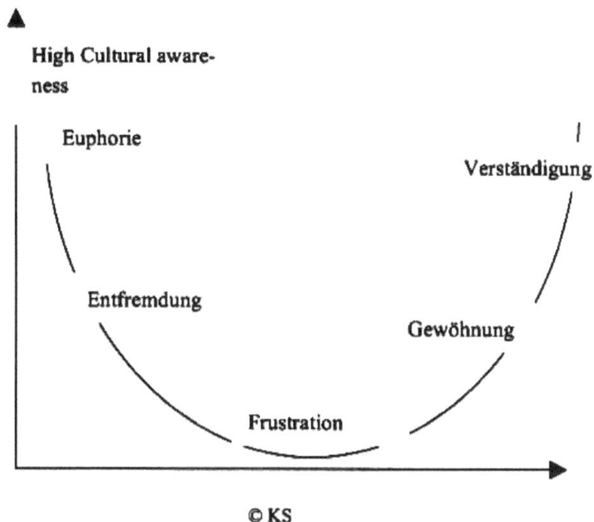

Abbildung 2: U-Kurvendiagramm des Kulturschockmodells

Andere Autoren, die sich im Nachhinein mit der Oberg-Studie und dem Phänomen des Kulturschocks beschäftigt haben, stellen mögliche Ursachen, wie z.B. eine Überlastung auf Grund der Häufung von Anpassungsanforderungen, Verlustgefühle durch die Trennung von Gewohntem, eine Verunsicherung hinsichtlich der eigenen Identität und Rolle und die Hilflosigkeit auf Grund von fehlenden Bewältigungsmöglichkeiten in den Vordergrund (Taft, 1997 zitiert in Stahl, 1998, S.48).

Kritik am Kulturschock-Modell

In der Literatur werden bei der Darstellung des Kulturschock-Modells die verschiedenen Persönlichkeitsmerkmale, die auch Menschen, welche aus ein und derselben Kultur stammen, unterscheidet, nicht berücksichtigt. So gehen die Modelle schematisch von der Annahme aus, dass alle Auslandsreisenden denselben Verlauf der U-Kurve erleben. Die individuellen Unterschiede und spezifischen Bedingungen der jeweiligen Situation werden nicht beachtet. Dabei ist die U-Kurve in der Empirie nicht immer zu beobachten. Es gibt auch interkulturelle Erfahrungen, die nicht mit der Phase der Euphorie und des

Optimismus beginnen. Des Weiteren spielen Faktoren wie z.B. Auslandserfahrung, Abenteuerlust, Distanz zwischen Heimat- und Gastkultur und soziale Unterstützung im Ausland eine große Rolle (Kühlmann, 1995, S.8). Selbst Autoren, die das Modell der U-Kurve befürworten, sind sich darüber uneinig, in welcher Zeitspanne die jeweiligen Kulturschock-Phasen verlaufen. Man kann daher zusammenfassend sagen, dass die Charakteristik einer Kulturschock-Kurve in den individuellen Unterschieden und den situationsbedingten Umständen begründet ist (Medrano-Kreidler, 1995, S.68). Ein weiterer Kritikpunkt gilt hinsichtlich der Aussage, den Kulturschock als eine Art Krankheit zu betrachten, da eine vorrübergehende Anpassungskrise kaum als krankhaft bezeichnet werden kann, sondern eine normale Reaktion auf eine tiefgreifende Umweltveränderung darstellt (Stahl, S. 49). Offen bleibt auch, warum manche Personen stärker für einen Kulturschock anfällig sind als andere und welche Anzeichen unter welchen Voraussetzungen auftreten, welche Faktoren eine Änderung bewirken und wie einem Kulturschock vorgebeugt werden kann. Es werden zwar bestimmte Ursachen für das Entstehen dieser Krise vorausgesetzt, dabei wird aber die Vielzahl der möglichen anderen Ursachen nicht in Erwägung gezogen (Stahl, 1998, S. 49).

Unter den befragten Studenten konnten zwar einige Anzeichen für einen Kulturschock, wie er nach Oberg beschrieben wird, festgestellt werden. Jedoch differenzierte dies zwischen den einzelnen Personen beträchtlich in der Art des Anzeichens, der Ausprägung und der Dauer der Schockphase. So komme ich - wie auch die Kritiker des Oberg´schen Modells - zu dem Schluss, dass keine starre Anwendung dieser Theorie stattfinden kann.

So können einzelne Symptome zutreffend sein, von einer Generalisierung ist dabei aber nicht zu sprechen, da sonst die individuellen Persönlichkeiten der Studenten vernachlässigt werden.

3.2.4 Anpassung an die fremde Kultur

„Wohin du auch kommst, sprich immer die Art der Leute.“
(Chinesisches Sprichwort)

In der Literatur lassen sich verschiedene Begriffe, wie z.B. ‚interkulturelle Anpassung‘, ‚Adaption‘ und ‚Akkulturation‘ finden, die oft synonym, aber manchmal auch mit sehr unterschiedlicher Bedeutungszuschreibung verwendet werden. Zur Beschreibung der Anpassung bei Auslandsaufenthalten existieren verschiedene Typologien, Krisenkonzepte und Verlaufsmodelle, wie z.B. das Krisenkonzept des Kulturschocks, welches ich oben schon behandelt habe. In Anlehnung an dieses Konzept gibt es eine Vielzahl weiterer Anpassungsstrategien (Stahl, 1998, S. 44 ff). In Ermangelung einer eigenständigen Theorie zur Anpassung bei einem Auslandseinsatz werden häufig Ansätze aus anderen Disziplinen, beispielweise entwicklungspsychologische, kommunikationspsychologische oder lernpsychologische Modelle, zu Rate gezogen (Stahl, 1998, S.70).

Da es den Rahmen dieser Diplomarbeit übersteigen würde, alle theoretischen Ansätze aufzugreifen, möchte ich dies nur an drei ausgewählten Beispielen – dem transitionstheoretischen, dem stresstheoretischen und dem entwicklungstheoretischem Ansatz – kurz erläutern, da ich im Laufe der Gespräche in mehreren Interviews immer wieder Ansätze für die von mir gewählten Theorien gefunden habe.

3.2.4.1 Anpassungsstrategien

3.2.4.1.1 Transitionstheoretischer Ansatz

In der Literatur gibt es verschiedene Autoren, die den Auslandsaufenthalt als den Spezialfall einer Transition sehen. Kühlmann (1995) verwendet in Anlehnung an Kaminski (1989) den Begriff der Transition als eine Charakterisierung einer weitreichenden Veränderung des bisherigen Umfelds eines Individuums einschließlich der darauf bezogenen Wahrnehmungen, Interpretationen und Bewältigungsbemühungen des Betroffenen. Auch ein Auslandsaufenthalt, durch den oft der Wohnortswechsel bedingt ist, kann als ein Spezialfall einer Transition gesehen werden. So fordern Transitionen von den Betroffenen Umorientierungen und Bemühungen zur Neuanpassung (Stahl, 1998, S. 70). Durch einen Auslandsaufenthalt kann das Verhältnis von Person und Umwelt in der neuen Umgebung gestört werden. Solche Störungen können u.a. sein, dass die ausländischen Interaktionspartner anders reagieren, als erwartet, dass vertraute Signale, Worte und Verhaltensweisen im Ausland mit anderen Bedeutungen verknüpft werden oder dass sich die bisher bewährte Verhaltensroutine in der neuen Umgebung als unzureichend erweist (Kühlmann, 1995).

Auch den Teilnehmern meiner Studie erging es ähnlich. Sie empfanden teilweise Unsicherheit im Umgang mit Einheimischen des Gastlandes. So sagt beispielsweise CHI-1 im Hinblick auf das Verhalten der Chinesen:

> *„du weißt jetzt nicht so richtig [...] wie du die Leute einschätzen sollst. Oder wie du [...] da drauf reagierst." (Z: 73) „Und das ist am Anfang, wenn du das nicht gewohnt bist oder nicht kennst halt irgendwie – also man wird dann halt einfach unsicher." „Die ersten Chinesen, mit denen wir zu tun hatten, war auch halt ihre Erfahrung [...] hatten [...] anderes Interessenfeld als wir" (CHI-1, Z: 103).*

Die unterschiedliche Art der Kommunikation, führte ebenfalls zu verwirrenden Situationen z.B.:

> *„wenn halt die Kommunikation nicht gleich so geklappt hat" (CHI-2, Z: 31)* und *„jetzt hab ich's schon fünfmal erklärt und irgendwie kommen wir noch nicht zu Rande, was man eigentlich will." (CHI-2, Z: 38)*

Wie beispielsweise die chinesische Sprachpartnerin von CHI-2:

> *War „das halt immer sehr schwer mit ihr Dinge – Termine und so auszumachen. Weil sie eben nicht direkt gesagt hat, da kann ich aber nicht" (CHI-2, Z: 48)* und *„dass sie sich halt schwer getan hat, einen zu berichtigen" (CHI-2, Z: 42)* CHI-1 findet, *„es war halt so ein elender Prozess" (CHI-2, Z: 44).*

Auch die auftretenden Sprachbarrieren im Gastland bedürfen einer erhöhten Bewältigungsbemühung des Betroffenen. Zum ersten Mal werden die im Studium erworbenen Sprachkenntnisse angewandt. Dabei mussten einige Befragte feststellen, dass sie sich intensiver hätten vorbereiten müssen.

> *„Da hast du halt gemerkt, wie weit du eigentlich deine sprachlichen Fähigkeiten [...] zurückgehalten oder nicht wirklich ausgebaut hast in den Jahren in Zwickau. Und vielleicht auch wenig selber halt dran gearbeitet hast und dich da rein gehangen hast." (CHI-1, Z: 39).* Das Sich-Nicht-Richtig-Verständigen-Können stellte ein Hemmnis dar. *„Das war so ein bissel erschreckend." (CHI-1, Z: 43)*

Die Etappen und die Aufgaben, die der Betroffene dabei zu bewältigen hat, veranschaulicht Kühlmann in Anlehnung an Nicholson (1990) in dem Modell des Transitionszyklus.

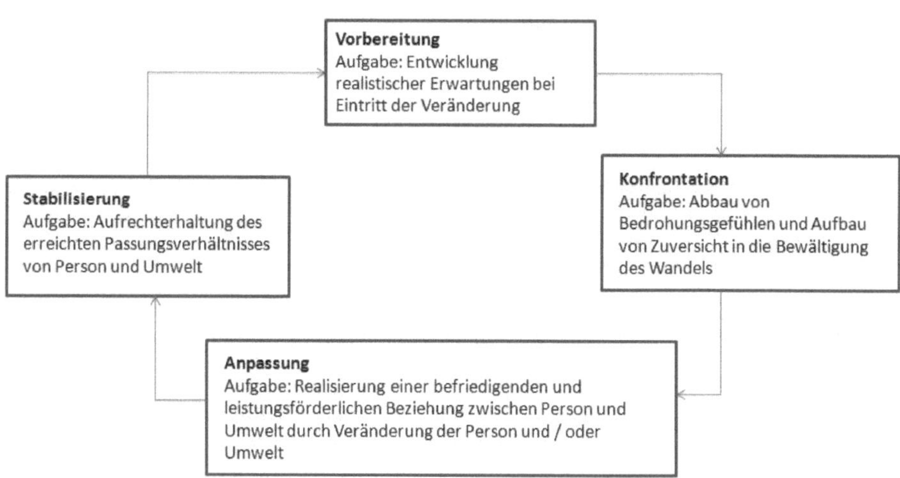

Abbildung 3: Der Transitionszyklus, Kühlmann (1990)

Ein Beispiel dafür, wie der Prozess der Eingewöhnung im fremden Land erlebt wird, schildert die Interviewperson CHI-1 im Gespräch folgendermaßen:

> *Es ist „wie, wenn du in Urlaub fährst". (CHI-1 Z: 45) Du „lernst jeden Tag halt ein bisschen mehr von der Region kennen" (CHI-1, Z: 47) und „man steckt immer weiter seine Grenzen [...] und wird damit [...] irgendwie selbstsicherer". (CHI-1, Z: 50)*

Auch die Umstellung auf eine andere, beengtere Wohnsituation als die bisherige in Deutschland erforderte einiges an Anpassungsvermögen: „Das war schon bissel hart" (CHI-1, Z: 61) und „das ist schon eine ziemliche Umstellung" (CHI-1, Z: 63). Auch er findet, „Man muss sich irgendwie da ein bissel anpassen und irgendwie so einleben" (CHI-1, Z: 116). So werden im Laufe der Zeit Situationen, die am Anfang noch befremdlich und bedrohlich gewirkt haben, zu einer ganz normalen Alltagssituation. „Das, wo man sich am Anfang in Frankreich vielleicht aufgeregt hat oder so, wie die das so machen können, ist für einen ja dann ganz normal geworden" (FRA-1, Z: 161). Durch derartige Bewältigungsbemühungen schließt sich der Transitionszyklus, wobei die Anpassung noch nicht abgeschlossen ist, jedoch zu einer Stabilisierung der Person-Umwelt-Beziehung in der Gastkultur führt.

3.2.4.1.2 Stresstheoretischer Ansatz

Die mit einem längeren Auslandsaufenthalt verbunden Anforderungen sind für die Betroffenen oft stressreich. In der Literatur findet man viele Hinweise auf Gemeinsamkeiten zwischen dem Anpassungsgeschehen in einer fremden Kultur und dem Phänomen Stress (Stahl, 1998, S.82). Stresstheoretische Ansätze weisen darauf hin, dass die stressreichen Ansprüche in Verbindung mit Auslandseinsätzen die Bewältigungskapazitäten von Auslandsreisenden übersteigen und deren Leistung und Wohlbefinden mindern können (Stahl, S. 85).

Stressreiche Situationen können vermehrt im Aufeinandertreffen der Auslandsreisenden mit der einheimischen Bevölkerung im Gastland auftreten. So wird beispielsweise die große Neugier gegenüber Ausländern in China als negativ empfunden. Solch eine Situation von den Annäherungen der Chinesen, z.B.

beim Einkauf im Supermarkt, beschreibt die Erzählperson CHI-2, wo sie oft von Menschen belagert wurde:

> *„manchmal war's halt ein bisschen nervend" (Z: 63), da „man sieht, dass man nicht aus China kommt. Dadurch wird man viel angeschaut. Am Anfang war's noch lustig" (Z: 70), aber „irgendwann war's dann nur noch nervend" (Z: 74).*

Auch der Mitstudent CHI-1, der ebenfalls in China sein Auslandsjahr verbrachte, schildert diesen Sachverhalt:

> *„Du fällst halt als Weißer immer irgendwie auf. Und bist halt immer schnell im Blickpunkt der Öffentlichkeit. Und das ist am Anfang, wenn du das nicht gewohnt bist oder nicht kennst halt, irgendwie – also man wird dann halt einfach unsicher. Oder denkt so, was ist denn jetzt? Wieso steh ich da jetzt im Mittelpunkt? Oder wieso gucken die mich alle an? Wie ich jetzt rumlauf oder wie ich aussehe oder ist irgendwas mit mir?" (Z: 75).*

Einen weiteren stresstheoretischen Ansatz greift die Forschung zu den Auswirkungen von kritischen Lebensereignissen auf (Fillip, 1990). Jedoch wird kaum versucht, Konzepte der Stressforschung methodisch auf die bei einem Auslandseinsatz ablaufenden psychischen Prozesse anzuwenden. Die Autoren erörtern meist nur den Stresscharakter des Anpassungsgeschehens und die damit verbunden negativen Auswirkungen (Stahl, S. 82).

Das wohl bekannteste Stressmodell ist das transaktionale Stressmodell nach Lazarus. Es geht davon aus, dass Lebensveränderungen eine erhöhte Anpassungsleistung erfordern und die unter diesen Belastungen auftretenden psychischen oder physischen Probleme bewältigt werden müssen. Dabei spielt der Begriff des Coping, welcher die Gesamtheit der Bemühungen die im Rahmen einer Krankheit auftretenden Belastungen zu bewältigen bezeichnet, eine wichtige Rolle. Lazarus definiert Coping als einen komplexen Einschätzungsprozess, der sich auf der Handlungsebene, der kognitiven Ebene und der Gefühlsebene vollzieht. Dabei werden schwierige Situationen immer wieder neu bewertet und verschiedene Bewältigungsstrategien werden geprüft und modifiziert. (Vgl. Schreiner, 2007, S.48 ff.)

Ein weiterer Stressfaktor, der eine erhöhte Anpassungsleistung verlangt, fiel mir im Interview mit dem Studenten CHI-1 auf, wobei das Thema des Beibehaltens der eigenen Identität versus der Adaption an eine andere Kultur zur Sprache kam.

> *„Es ist schon wichtig [...] auf einige Sachen und [...] reelle Gegebenheiten zu achten [...] andere Leute in dem Moment nicht zu verletzen oder vor den Kopf zu stoßen" (CHI-1, Z: 132), aber „[man] sollte [...] sich halt auch nicht komplett verstellen. Weil irgendwie hast du ja auch eine eigene Identität und einen eigenen Hintergrund" (CHI-1, Z: 136).*

Hier besteht meines Erachtens die Coping-Strategie darin, immer wieder neu zu bewerten, inwieweit die eigene Identität zu Gunsten der Anpassung und Integration im Gastland zurückgehalten wird und inwiefern dem eigenen Bedürfnis, die kulturelle Identität auszuleben, stattgegeben wird.

Als weitere Voraussetzung für eine erfolgreiche Anpassung an die neue Umgebung nennen Fischer & Fischer (1990) die psychische Ablösung von der früheren Umgebung. Dies bestätigte auch die Aussage der befragten Person SPA-2, die diese Ablösung im Interview mit „Mentale Freiheit" umschrieb. Sie gibt an, sich bedingt durch den Rückhalt ihres in Deutschland gebliebenen Partners (siehe auch: Soziale Unterstützung) mental von Deutschland gelöst zu haben, was ihr eine Integration in den Alltag des Gastlandes erleichterte. Denn, „wenn ich mich mit anderen vergleiche, war es immer so, dass viele halt immer an zuhause gedacht haben" (SPA-2, Z: 51) und „das Gefühl hatte ich einfach nicht" (SPA-2, Z: 53).

Hält ein Auslandsreisender zu lange an gewohnten und für die neue Kultur nicht mehr passenden Verhaltensweisen fest, kann es leicht zu einem innerlichen Konflikt kommen. Dieser Konflikt ist kaum zu vermeiden, da das Eintreten in eine neue Kultur meist den Verlust der bisherigen sozialen Beziehungen bedeutet. Der Betroffene erlebt ein soziales Vakuum und versucht durch ein Festhalten an standardisierten Verhaltensweisen seiner eigenen Identität Sicherheit zu verleihen. Um sich in die neue Kultur integrieren und sich auf das Leben dort einlassen zu können, ist es wichtig, sich gedanklich von daheim zu lösen: „das ist, denke ich, ganz wichtig, dass ich wirklich ins Ausland gehen will. Und dass ich dann auch – notgedrungen – Freund, Freundin, Familie zuhause lassen muss. Auch mental.“ (SPA-2, Z: 228). Daher war es für die befragte Person bedeutend, sich voll und ganz auf die neue Kultur einzulassen.

> *„Es nützt nix, wenn ich parallel lebe, sondern ich muss einfach in die Gesellschaft rein tauchen“ (SPA-2, Z: 231). Denn „das war jetzt nicht für mich [...] der Pflichtteil meines Studiums, sondern ich hab dort einfach gelebt“ (SPA-2, Z:82) „bin dort irgendwie in der Masse quasi aufgegangen“ (SPA-2, Z:84).*

Nur so konnte sie sich mit der Gastkultur auseinandersetzen und den realen Alltag vor Ort erleben, ohne durch den permanenten Gedanken an daheim gehemmt zu sein, was hilfreich für die Integration und das emotionale Wohlbefinden im Ausland war.

Bezogen auf die befragten Studenten stellte sich heraus, dass einige der geschilderten Situationen durchaus Stresscharakter aufwiesen. Diese wurden durch verschiedene Copingstrategien der Studenten in den meisten Fällen sehr gut bewältigt. Lazarus selbst hat den transaktionalen Ansatz in den letzten Jahren immer mehr zu einer umfassenden Rahmentheorie ausgedehnt, die nicht nur Stress und Bewältigung, sondern Phänomene wie Motivation und Anpassung einschließt. Eine Übertragung auf Anpassungsprozesse bei Auslandseinsätzen scheint vielversprechend (Stahl 1998, S. 96). Kritisch ist allerdings die häufige Vernachlässigung der Abhängigkeit des Belastungsgrades der interviewten Studenten von individuellen Bewertungsprozessen und seinen Bewältigungsmöglichkeiten zu nennen. Auch andere Einflussfaktoren, die den Zusammenhang zwischen belastenden Umweltbedingungen und Stressfolgen verstärken oder abschwächen können, werden nicht berücksichtigt (Stahl, S. 85).

3.2.4.1.3 Entwicklungstheoretischer Ansatz

Bei diesem theoretischen Ansatz wird die persönlichkeitsförderliche Wirkung von Auslandsaufenthalten hervorgehoben. Dabei geht es primär um den Versuch, die größtenteils vernachlässigten positiven Aspekte des Anpassungsverlaufs in einer fremden Kultur zu unterstreichen. Die Probleme bei der Anpassung im Ausland werden hierbei als Möglichkeit oder als Voraussetzung zu einer persönlichen Weiterbildung begriffen (Stahl, S. 86). Selbst wenn viele Studien den Gedanken der persönlichen Entwicklung, die u.a. auf Introspektion aufbaut, in den Vordergrund stellen, wird die Behauptung von der Persönlichkeitsförderlichkeit eines Auslandsaufenthalts durch empirische Untersuchungen gestützt. Ehemalige Auslandsreisende berichten beinahe immer übereinstimmend von persönlichem Wachstum als Resultat eines längeren Auslandaufenthaltes (Stahl, S. 88).

Auch von den befragten Studenten wurde im Interview selbst erkannt, dass das interkulturelle Lernen die Folge eines stetigen und auch aktiven Prozesses ist und nicht nur aufgrund der einfachen Tatsache erfolgt, dass der jeweilige Betroffene Zeit im Ausland verbringt. „Das muss man ja lernen, über einen längeren Zeitraum hinweg“ (CHI-1, Z: 184) und „das hat was mit dem kompletten Umfeld zu tun, dass man das nicht automatisch annimmt, nur weil man ein Jahr da ist“ (CHI-1, Z: 191).

Das Bewältigen verschiedener ungewohnter Situationen und die Beschäftigung mit sich selbst während der Zeit des Auslandsaufenthaltes lassen Persönlichkeitsentwicklungen vermuten. So stellt z.B. CHI-2 fest, dass

> *„jeder, der so was gemacht hat, in einem gewissen Grad selbstbewusster wird“ (CHI-2, Z: 81). Dies ist bedingt durch „neue Situationen [...] denen man sich stellen muss“ (CHI-2, Z: 82), weil man „über sein eigenes Verhalten, wie man selber in bestimmten Situationen reagiert, mehr lernt“ (CHI-2, Z: 84).*

Es muss allerdings angemerkt werden, dass Angaben zur Persönlichkeitsentwicklung immer nur subjektiv zu betrachten sind, da sie von den Betroffenen selbst gemacht werden. Jedoch können Erfahrungen in der Auseinandersetzung mit kritischen Lebensereignissen die Fähigkeit zu einer kompetenten Bewältigung künftiger Ereignisse erhöhen (Birren zitiert in Danish&Steven, 1990). Eine erfolgreiche Bewältigungsgeschichte führt nicht nur dazu, zu dem Ereignis eine konstruktive Einstellung zu gewinnen, sondern sie trägt auch zum Aufbau von Verhaltenskompetenzen bei. Im Punkt „Auswirkungen auf die Persönlichkeit“ werde ich noch einmal genauer auf die Effekte eines Auslandsaufenthaltes auf die Charaktere der von mir befragten Studenten eingehen.

3.2.5 Soziale Unterstützung

Die Missverständlichkeit und die damit verbundene Bedrohlichkeit einer neuen Situation im Ausland kann für Menschen, die längere Zeit ins Ausland reisen, dadurch begrenzt werden, dass sie von den Angehörigen der fremden Kultur konkrete Informationen, Hilfestellungen und Informationen über die Bedeutung von kulturspezifischen Zeichen erhalten. Obendrein wird durch die Integration in ein soziales Stützsystem das Gefühl von Geborgenheit und Vertrautheit vermittelt, welches den neu angekommenen Studenten hilft, sich mit dem Fremdartigen auseinanderzusetzen, kritische Situationen objektiver einzuschätzen und eine realistische Einschätzung der zur Verfügung stehenden Handlungsmöglichkeiten vorzunehmen (Gabriel-Ramm, 1996, S. 422).

Nach Gabriel-Ramm (1996) gehören Studenten, die im Ausland lernen, oftmals mindestens drei verschiedenen Netzwerken an. Mit Bekannten und Freunden aus dem eigenen Land verbindet sie ein monokulturelles Netzwerk. Mit wichtigen Gastlandbewohnern, wie z.B. dem Vermieter oder den Mitarbeitern der ausländischen Universität, unterhält er ein bikulturelles Netzwerk und Freunde und Bekannte aus dem Gastland und anderen Ländern bilden ein multikulturelles Netzwerk. Da andere Auslandsstudierende das gleiche Schicksal wie einen selbst im Ausland verbindet, ist es oft sehr einfach, zu Studenten anderer Nationen Kontakt aufzunehmen. Diese bleiben zwar meist oberflächliche Bekannte, es können sich aber z.T. auch intensive Freundschaften entwickeln (Gabriel-Ramm, 1996, S. 423).

Für die befragten Studenten waren Kontakte zu Gleichgesinnten und Einheimischen für das Zurechtfinden und die Integration im Gastland sehr wichtig. Einige hatten bereits vor der Anreise im fremden Land Bekannte aus der Gastkultur, die ihnen in der ersten Zeit hilfreich zur Seite standen. So z.B. die befragte Person CHI-1:

> *„wir hatten halt das Glück gehabt, das W. da war, der auch in Zwikkau studiert und seine Familie besucht hat und uns an dem Tag am Flughafen empfangen hat und uns halt mit dem Auto in die Stadt gefahren hat"*
> *(Z: 15).*

Kontakte sind sehr wichtig, um organisatorische Fragen zu klären, wie z.B.:

> *„die Anmeldung im Wohnheim. Da hat uns [...] W. zum Glück auch [...] geholfen, weil ohne ihn hätten wir ganz schön alt ausgesehen" (CHI-1, Z: 37). „Und auch, was so administrative Schritte oder so anging, wie irgendwelche Sachen anmelden oder so, wurde ich auch von dem Wohnheim sehr gut unterstützt" (FRA-2, Z: 30).*

Besonders in der ersten Zeit im Ausland, wenn die Studenten noch von den vielfältigen Eindrücken und der Sprache in ihrer Orientierung beeinträchtigt sind, sind Verbindungen zu Angehörigen der Gastkultur sehr wichtig, um sich schnell in der Gesellschaft und den damit verbundenen Normen zurechtzufinden.

Einige Studenten berichten auch davon, dass sie sich in der Anfangszeit eher mit anderen Auslandsstudenten angefreundet hatten, da sie aufgrund der noch mangelhaften Sprachkenntnisse unsicher im Umgang mit den Einheimischen waren. So berichtet die interviewte Person SPA-1:

> *„am Anfang hatte ich auch mehr Kontakt [...] zu Erasmus-Studenten" (Z:133) „ich hab mich erstmal unter den anderen Ausländern wohler gefühlt, wenn ich mit denen geredet hab, anstatt mit Spaniern" (Z:42) weil „ich wusste, die können auch nicht so gut und verstehen dich mit deinem Ausländerspanisch besser"(Z:45).*

Eine wichtige Rolle bei der Integration in die Gastkultur spielten bei fast allen Befragten die Wohngemeinschaften mit anderen, z.T. einheimischen, aber auch ausländischen Studenten. Durch das räumliche Zusammenleben und das Teilen eines gemeinsamen Alltags und da die Wohngemeinschaften oft die ersten sozialen Kontakte für die Auslandsstudenten darstellten, entwickelten sich daraus häufig gute Freundschaften bzw. wurden diese bei einigen regelrecht zu Familien– und Freundeskreisersatz. Wie das Beispiel von SPA-1 zeigt:

> *„hab mich da halt schon am Anfang an viele Leute sofort geklammert und hab da auch versucht, innerhalb der WG sofort Anschluss zu finden." (SPA-1, Z: 152); „deswegen hatte ich am Anfang nicht so Probleme" (Z: 156) „Ich [...] hab meinen kompletten Freundeskreis dort neu gefunden." (Z: 358) „wie eine Art kleine Familie hatte ich dann gehabt" (Z: 365)„ich hatte dort dann meinen Grund" (Z: 366).*

Dass das Sich- Wohlfühlen sehr viel mit der Wohnsituation zu tun hat, bestätigt auch das Beispiel von SPA-2: „die erste WG äh da gab's tatsächlich Spannungen" (Z: 14) Gerade in der Anfangszeit, kann der fehlende soziale Kontakt zu Spannungen und Unwohlsein führen:

> *„das war in dem Sinne nur eine Wohngemeinschaft" (Z: 18) „man hat also nicht zusammen gelebt, man hat sich kaum gesehen" (Z: 19) und „dann, als ich nach [...] zweieinhalb Monaten in die neue WG umgezogen bin, war's dort so, dass es richtig angenehm wurde, richtig schön." (Z: 14).*

Ein gutes Verhältnis zu seinen Mitbewohnern bzw. das freundschaftliche Aufgenommen-Werden in die bestehende (Wohn-) Gemeinschaft beeinflusst auch das eigene Wohlergehen und wirkt sich positiv auf die Einstellung gegenüber dem Gastland bzw. dem neuen Wohnort im Ausland aus. FRA-2 berichtet von der ersten Zeit im französischen Wohnheim folgendes:

> *„ich bin dort angekommen und ich war in diesem Haus wo ich wohnte ganz alleine. Es hat noch keiner weiter dort gewohnt und dann kam dann erst nach und nach ein Franzose eben, der dann auch deutsch*

konnte. Der hat mir dann Essen gekocht und wir haben uns gut verstanden. Und so hatte ich gleich irgendwie einen guten Einstieg und mir hat auch relativ die Stadt gleich gut gefallen" (Z: 13).

Einige der befragten Studenten gaben an, dass sie in den z.T. mitgereisten Kommilitonen ihres Studiengangs aus Deutschland große Unterstützung fanden. Wie beispielsweise CHI-2: „wir waren ja in einer großen Gruppe und haben uns so gegenseitig so ein bisschen – ja aufgefangen" (Z: 15). Ebenso erzählt SPA-1, die mit einer anderen deutschen Studentin ins Ausland gegangen ist, dass deren Anwesenheit bewirkte, dass sie weniger aufgelöst und dadurch ruhiger mit der Situation umgehen konnte. „Obwohl wahrscheinlich, wenn ich alleine gewesen wäre, ich eher aufgelöst wäre" (SPA-1, Z: 20). Das Gefühl, nicht allein mit der neuen ungewohnten Situation zurechtkommen zu müssen, sondern noch eine vertraute Person um sich zu haben, wirkt sich beruhigend auf die Studenten aus. Auf unerwartete Ereignisse kann deswegen möglicherweise auch gelassener reagiert werden, als es ohne eigenkulturelle Unterstützung der Fall wäre.

Dessen ungeachtet üben die Menschen im Heimatland, wie der Partner, die Familie und die Freunde zu Beginn eines Auslandsaufenthaltes noch einen starken Einfluss auf das Wohlbefinden des Auslandsstudierenden aus. Weil die Sehnsucht nach der vertrauten Umgebung noch sehr groß ist, werden oft auf schriftlichem oder telefonischem Weg Informationen über die Heimat eingeholt. Im Laufe des Aufenthaltes nimmt dies aber an Bedeutung ab (Gabriel-Ramm, 1996, S. 423). So berichtet SPA-1: „ich hatte vielleicht eine Person, also meine Eltern und dann noch eine Person, mit denen ich ständig telefoniert hab. Ansonsten überhaupt nicht. Hatte ich fast keine Kontakte nach Deutschland" (Z: 188). Ein Grund für die Abnahme der Häufigkeit der Kontakte ins Heimatland kann darin begründet sein, dass sich der ausgereiste Student, bedingt durch die neuen Eindrücke im Ausland, mental von daheim entfernt. Das Privileg des Auslandsstudiums kann u.U. bei den Betroffenen ein schlechtes Gewissen gegenüber dem daheimgebliebenen Partner oder den Angehörigen bzw. Freunden verursachen. Die Auslandsreisenden erleben in einer kurzen Zeit viel Neues und Ungewohntes, wohingegen jedoch das normale Leben des persönlichen Umfeldes daheim weitergeht. Von daher ist die Unterstützung aus der Heimat umso wichtiger für die Auslandsstudenten.

> *„Das war ganz wichtig für mich zu sehen, diese Unterstützung von zuhause" (SPA-2, Z: 43). „Dass ich wusste, da ist jemand da, der sich auch genauso für mich freut, dass ich dort bin" (SPA-2, Z: 44) und „der genauso [...] mich da unterstützt, was ich dort mache" (SPA-2, Z: 45). „Und einfach dieses Wissen, ich muss kein schlechtes Gewissen gegenüber demjenigen zuhause haben" (SPA-2, Z: 46) und „ich kann eben die ganzen neuen Eindrücke erzählen, ohne ein schlechtes Gewissen zu haben"*
> *(SPA-2, Z: 58).*

Die neuen Eindrücke und Erlebnisse vorurteilsfrei und ohne Schuldgefühle dem Partner gegenüber erzählen zu können, ist für das mentale Wohlbefinden am Studien-bzw. Praktikumsort im Ausland ausschlaggebend. Durch die Andersartigkeit der Situation und das Erleben der fremden Kultur bleibt für denjenigen, der im Ausland ist, oft wenig Raum, um den Partner daheim zu vermissen. Da sich für den daheimgebliebenen Menschen jedoch in seiner äußeren Umwelt nichts ändert, außer dass der geliebte Mensch fehlt und er mit seinem Verlustschmerz allein gelassen ist, können sich Gefühle der Eifersucht auf das Gastland und die vielen Erlebnisse des Partners breit machen.

Bezogen auf die Abhängigkeit der sozialen Unterstützung im Ausland komme ich zu dem Ergebnis, dass, wenn ein Auslandsstudium der Verbesserung der sozialen Fähigkeiten und der Persönlichkeitsentwicklung dienlich sein soll, die Betroffenen von der Familie und den Freunden daheim mental gestärkt und in ihrem Vorhaben bestärkt werden sollten. Des Weiteren sollten neben dem eigentlichen Studium Freiräume für soziale Aktivitäten, z.B. mit Kommilitonen, verfügbar sein und entsprechende Anregungen, die eine soziale Interaktion und Integration fördern, wie z.B. eine Wohngemeinschaft, sollten gegeben sein.

3.2.6 Rückkehr nach Deutschland

3.2.6.1 Rückkehrschock

"Culture-shock is the expected confrontation with the unfamiliar. Reentry-shock is the unexpected confrontation with the familiar."
(zitiert nach J.N.Martin, 1986)

Immer noch herrscht der weitverbreitete Irrglaube vor, dass nach einem längeren Auslandsaufenthalt die Rückkehr in die altvertraute Umgebung und Heimat ohne nennenswerte Probleme abläuft. Obwohl es bisher zu dieser Thematik wenige Studien und Erhebungen gibt, zeigen diese, dass es vielen Heimkehrern genauso schwer fällt, sich wieder an die Gegebenheiten in ihrem Heimatland anzupassen, wie es vorher im Gastland der Fall war (Kühlmann & Stahl, 1995, S. 177).

Gullahorn und Gullahorn (1963) erweitern die U-Kurve des Kulturschock-Modells zur W-Kurve (Gullahorn & Gullahorn in Schreiner, 2001).

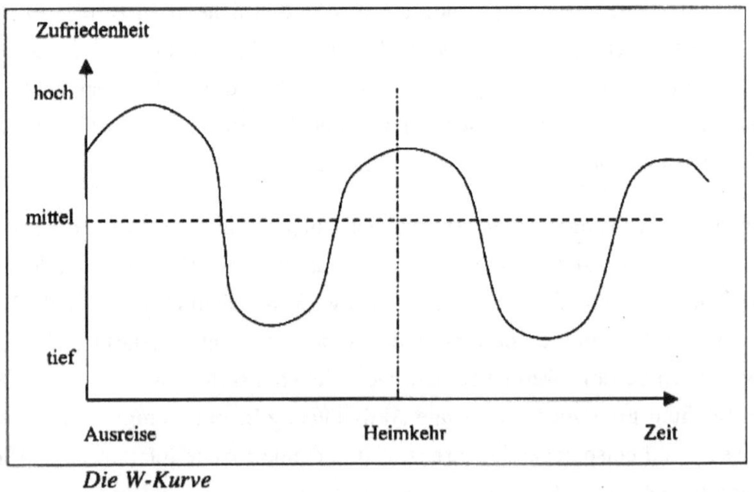

Die W-Kurve

Abbildung 4: W-Kurve - Culture Shock in Revers, Schreiner Karin (2001)

Dieses Modell geht davon aus, dass sich Menschen, die nach einem Auslandsaufenthalt heimkehren, anfänglich in einem Stimmungshoch befinden. Sie werden von der Freude darüber dominiert, lang entbehrte Annehmlichkeiten zu genießen, Beziehungen und Freundschaften wiederzubeleben und stillgelegte Hobbys wieder aufnehmen zu können. Oft sind sie mit einem Gefühl des Stolzes und der Zufriedenheit, den Auslandsaufenthalt und die damit verbundenen Anstrengungen und Schwierigkeiten erfolgreich überwunden zu haben, erfüllt.

Auch die Studenten meiner Studie bestätigen dies. Besonders in der letzen Etappe ihrer Zeit im Ausland, nach ca. sieben Monaten, wie die Person FRA-1 berichtet, erlebten sie die Vorfreude auf ihr Zuhause. „Weil da war noch nicht so richtig das Ende in Sicht (vom Auslandsjahr), aber irgendwie hat es mich dann gejuckt doch irgendwie, dass es zurückgeht“ (FRA-1, Z: 79). Und auch die erste Zeit nach der Rückkehr ist geprägt von einem Stimmungshoch, die vertraute Umgebung wiederzusehen und der Erkenntnis, diese aufregende Zeit allein überstanden und gemeistert zu haben. „Es war spannend wieder zu sehen, wieder da zu sein.“ (SPA-2, Z: 152) „Du hast das tatsächlich geschafft.“ „Das muss sich auch so langsam erstmal setzen.“ (SPA-2, Z: 154)

Nach einer gewissen Zeit wird den heimkehrenden Studenten jedoch bewusst, dass nicht nur sie, sondern auch die Verhältnisse in deren Heimat während ihres Fernseins, sich verändert haben. Sie sehen sich nun Wiederanpassungsforderungen entgegen, die sie so nicht erwartet hatten. Daraus resultiert oftmals eine sinkende Zufriedenheit und auch eine Verschlechterung der psychischen Verfassung der zurückgekommenen jungen Menschen. Dies kann in einem Tiefpunkt gipfeln, dem zweiten Kulturschock, den man auch als „culture shock in reverse“ (Murray, J.A. in Kühlmann, 1995, S.179) oder ‚reentry-shock‘ bezeichnet.

Die interviewten Studenten schildern verschiedene emotionale Eindrücke, die sie in der Zeit ihrer Rückkehrphase durchlebt haben. Fast allen ist das Gefühl des Sich-Verloren-Fühlens gemein, was darin zum Ausdruck kommt, dass sie sich oft traurig und allein fühlen. Die Erzählperson CHI-2 beschreibt ihre Ankunft folgendermaßen:

> *"Aber man kommt halt zurück und hat so das Gefühl, da ist alles stehen geblieben und man selber ist irgendwie weiter gegangen und jetzt soll man einfach da anknüpfen, wo man ein Jahr vorher aufgehört hat" (CHI-2, Z: 176). Es ist schwer, sich wieder in dieses Leben einzufinden und sie meint: „ich fand das ganz schrecklich" (CHI-2, Z: 179) „ich hab mich auch richtig [...] niedergeschlagen gefühlt" (CHI-2, Z: 179).*

Die Person FRA-2, die kurz nach der Rückkehr aus dem Ausland das Studium wieder aufgenommen hatte, sieht es ähnlich:

> *„es ging ja gleich so zack zack zack und dann ging das Studium los "(FRA-2, Z: 244) und deswegen „hatte ich nicht so viel Zeit [...] um rumzusitzen und drüber nachzudenken " (FRA-2, Z: 245). Auch hier überwiegen die Gefühle der Sehnsucht nach dem Gastland: „ich war mehr traurig als glücklich." (FRA-2, Z: 247) und „ich wär lieber noch dort geblieben, wenn ich die Wahl gehabt hätte" (FRA-2, Z: 251).*

Die Rückkehrer finden sich auf einmal in einer neuen alten Gesellschaft zurück, in deren Strukturen und Verhaltensregeln sie sich wieder zurechtfinden müssen. Dinge, die im alltäglichen Leben im Ausland normal waren, existieren auf einmal nicht mehr oder haben einen anderen Stellenwert. „Das sind so viele Sachen [...] die plötzlich weg sind. Sei es der Busplan oder das Baguette." (FRA-1, Z: 158) „Es ist alles anders. Der Kaffee wird anders getrunken" (FRA-1, Z: 160). Dies kann zu Verwirrung und einem Durcheinander der Emotionen führen:

> *"jetzt kommt man nach hause und denkt so: Was macht ihr nur mit mir und warum macht ihr das so und warum versteh ich das nicht mehr, Mann?" (FRA-1, Z: 163). Für die Studenten ist dieses Gefühlschaos nur schwer zu verstehen, „weil ich das nicht so erwartet habe, dass es so schlimm ist für mich. Weil ich mich gefreut habe (auf die Rückreise nach Deutschland), die ganze Zeit" (FRA-1, Z: 80).*

Nach und nach lernen die ehemaligen Auslandsreisenden sich wieder in den Gegebenheiten des beruflichen und privaten Umfelds zurechtzufinden. Es beginnt der Prozess der Wiederanpassung, der mit seinen Merkmalen auch von Hirsch (1992) dargestellt wurde.

Phase A: **Naive Integration**	**Phase B:** **Reintegrationsschock**	**Phase C:** **Echte Integration**
Merkmale: Freundliches, oberflächliches Verstehen. Bereitwilligkeit und Offenheit für neue Erfahrungen. Allgemeiner Optimismus, Euphorie des ‚wieder zu Hause seins'	Merkmale: Erste Euphorie bröckelt ab. Man fühlt sich von den Kollegen nicht verstanden. Der Freundeskreis ist nicht mehr vorhanden. Alles hat sich verändert. Rückzug in die Resignation, Überheblichkeit, Ärger, Unzufriedenheit. Man fühlt sich nicht zuhause.	Merkmale: Aufbau realistischer Erwartungen. Anpassung ohne Selbstaufgabe. Erweiterung des Verhaltensspektrums und Wiedererkennen alter Verhaltensmuster.
Bis 6 Monate nach der Rückkehr	Zwischen 6 und 12 Monate nach der Rückkehr	Ab 12 Monate nach der Rückkehr

Die Abfolge des Prozesses bei der Rückkehr ist jedoch abhängig von der Person, der Rückkehrsituation und den Integrationshilfen und kann somit stark abweichen. Es gibt verschiedene Faktoren, die den Verlauf der Wiedereingliederung beeinflussen können. Zum einen wäre die Dauer der Auslandsentsendung zu nennen. Bei einem Auslandseinsatz von unter vier Jahren wird davon ausgegangen, dass sich die Probleme bei der Reintegration in Grenzen halten, wohingegen bei längerem Einsatz die Gefahr z.B. für entsandte Arbeitnehmer besteht, dass Teile des Fachwissens veralten und der Mitarbeiter sich in seinem Verhalten mehr und mehr an die Werte und Normen des Gastlandes adaptiert (Kühlmann, 1995, S.179).

In den geführten Interviews wird ersichtlich, dass es auch für die zurückgekehrten Studenten nicht leicht war, sich problemlos und schnell wieder in den deutschen Alltag zu integrieren. Die Erzählperson CHI-2 findet,

> *„dass ich sehr lange gebraucht hab, um irgendwie wieder so in diesen deutschen Trott rein zukommen" (Z: 230) und „ich fand's unheimlich schwer, [...] wieder rein zukommen" (Z: 237). In Bezug auf die ganze Heimkehrsituation meint sie: „ich hab mich überfordert gefühlt" (Z: 235). Andere Studenten dagegen bedauern es, so schnell ihren ‚Alltagstrott' wiedergefunden zu haben: „ich fand es halt schade, dass man zu schnell sich wieder an alles gewöhnt" (FRA-2, Z: 261). „Du bist zu schnell wieder als wärst du nie weg gewesen." (FRA-2, Z: 262).*

Doch das vermeintlich Vertraute kann auch täuschen: „Und jetzt kommt man wieder zurück, meint man. Aber es ist doch irgendwie alles anders" (FRA-1, Z: 143).

Ein weiterer Faktor für das Erleben eines Rückkehrschocks, den Kühlmann (S. 179) beschreibt, ist der Kulturunterschied, der zwischen dem Gastland und der Heimat besteht. Je größer die kulturelle Distanz zwischen gewohnter und fremder Kultur ist, desto mehr muss man von Schwierigkeiten bei der Wiedereingliederung ausgehen. Letztendlich spielt auch die Integration im Gastland eine wichtige Rolle. Auslandsentsandte, die sich in der neuen Kultur gut eingelebt und integriert haben, müssen mit nachhaltigeren Problemen bei der Reintegration rechnen. Dies gilt insbesondere für Personen, die zum ersten Mal eine längere Zeit im Ausland verbracht haben (Kühlmann, 1995, S. 179). So zeigt z.B. der Fall der interviewten Person SPA-1, welche im Gastland in ihrer Wohngemeinschaft in einer Art zweiter Familie gelebt hatte, massive Rückkehrschwierigkeiten (s.u.).

Besonders bezeichnend für den Rückkehrschock werden von Rückkehrern neben Zeit- und Klimaumstellungen immer wieder die Desorientierungs- und Frustrationserfahrungen genannt. Sie erleben die psychische Belastung, den allgemein gültigen Werten und Normen, Lebenseinstellungen und Interessen der Daheimgebliebenen nicht mehr zu entsprechen. Auch von einem Verlust des ursprünglichen Freundes- und Bekanntenkreises berichten Rückkehrer immer wieder. Die eigene Kultur und Gesellschaft, mit dem besonders für das

Industrieland Deutschland typischen exzessiven Konsumstil, dem Materialismus, der empfundenen räumlichen Enge und der starren Bürokratie wird kritisch, sozusagen von außen betrachtet (Winter, 1996, S. 367).

Das Gefühl des Verloren- und Alleinseins kennen auch die Befragten. Insbesondere mit ihren gesamten Erfahrungen, die sie im Laufe des Auslandsjahrs gesammelt hatten und welche sie gern vermitteln wollten, fühlten sie sich allein gelassen. „Man hat irgendwann das Gefühl, man hat so gar keinen, mit dem man so die Erfahrung teilen kann“ (CHI-2, Z: 156). Auch von Veränderungen im Freundeskreis wird berichtet. So erzählt z.B. die befragte Person SPA-1 von tiefgreifenden Problemen in ihrem Freundeskreis nach ihrer Rückkehr. Im Interview war ihr ihre starke emotionale Beteiligung an diesem Thema immer noch anzumerken, da sie nicht genau wusste, wie sie die Veränderung in Worten ausdrücken sollte und ob nun sie sich oder ihr Freundeskreis sich verändert hatte:

> *„der Freundeskreis hatte sich halt weiterentwickelt und – oder ich sag mal – ist halt irgendwo stehengeblieben und du hast dich halt im Ausland weiterentwickelt“. (SPA-1, Z: 269) Die Gründe dafür benennt sie so: „(Du) hast andere Sachen gemacht. Hast andere Wertevorstellungen. Hast andere Sichtweisen bekommen. Und gehst zurück und dann ist alles so wie früher.“ (SPA-1, Z: 272)*

In der Literatur gibt es mehrere Ansätze zur Erklärung der Wiedereingliederungsproblematik. Zum einen erlebt der Rückkehrer eine Inkonsistenz seiner durch die Erinnerung verklärten Erwartungen an die Heimat und den real angetroffenen Verhältnissen. So erscheinen ihm vertraute Dinge unerwartet fremd und fremde Dinge unerwartet vertraut. Dieses Wechselspiel von Bekanntem und Fremdem kann ein Gefühl der Disharmonie und Verwirrung auslösen. Es wird dadurch verstärkt, dass von der zurückgekehrten Person erwartet wird, dass sie sich durch ihren längeren Auslandsaufenthalt verändert hat, gleichzeitig soll sie aber sich selbst treu geblieben sein und sich sofort wieder in die Rolle des ehemaligen Freundes, Bekannten oder Kollegen einfügen. Das kann dazu führen, dass sich der Rückkehrer sozial isoliert und von seinen Freunden abgelehnt fühlt (Winter, 1996, S. 368).

Im Ausland wird die Vorfreude auf das Zuhause in Deutschland oft von einer romantisierenden Sichtweise beeinflusst, was dazu führen kann, dass sich die Studenten die Heimat positiver vorgestellt haben, als sie in Wirklichkeit ist. So passierte es z.B. SPA-1, die sagt:

> *„ich bin mit komplett falschen Erwartungen zurückgekommen" (Z: 173) weil, „du hast im Hinterkopf [...] hier ist alles schön, ist alles geordnet" (Z: 175), aber „du hast nicht im Hinterkopf, ach ja, die Leute waren ja hier unfreundlich [...] sehr auf Organisation bestürzt" (Z: 176) „sowas hab ich halt in der Zeit dann irgendwie vergessen" (Z: 178).*

So sind dann auch die Überlegungen vor der Rückreise ganz von Unsicherheit geprägt:

> *„Was wird da jetzt auf dich zukommen?" (SPA-1, Z: 171), und gehen in totale Verwirrung bei der Ankunft über „Ich wusste nicht mehr, wer ich bin, was ich war oder wie die Leute so sind." (SPA-1, Z: 172) „Und jetzt kommt man nach hause und denkt so, was macht ihr nur und warum macht ihr das so und warum versteh ich das nicht mehr, man?" (FRA-1, Z: 163).*

Ein weiterer Ansatz für die Erklärung des Phänomens des umgekehrten Kulturschocks ist in der vermeintlichen Ähnlichkeit der An- und Abreisesituation zu finden. Diese weisen aber, trotz der Vergleichbarkeit, schwerwiegende Unterschiede auf. So ist die Ausreise i.d.R. wesentlich gründlicher geplant, gewissenhafter vorbereitet, mit größeren finanziellen Möglichkeiten verknüpft (z.B. durch vorheriges Sparen bzw. ein Stipendium für das Auslandsstudium) und auch mit höheren Status-und Gewinnerwartungen verbunden. Zur Vorbereitung auf einen längeren Auslandsaufenthalt, wie z.B. im Studium, werden zahlreiche Infobroschüren und Seminare über das zu bereisende Land, die Risiken und die dort üblichen Gegebenheiten und Verhaltensweisen angeboten. Im Moment der Ausreise liegt die

Vorbereitungszeit meist nicht lange zurück und das Wissen aus den z.B. interkulturellen Trainings ist noch allgegenwärtig und abrufbar. Dem Auslandsreisenden steht eine aufregende, erfahrungsreiche, mit gewissen Privilegien ausgestattete Lebensphase bevor, von der er sich u.a. berufliche und schulische Erfolge, neue Anreize für seine Art zu leben und auch ein Wachstum seiner Persönlichkeit erhofft. Wenn davon ausgegangen wird, dass z.B. der Student freiwillig an einem längeren studienbezogenen Auslandsaufenthalt teilnimmt, kann man ihm eine hohe Leistungsmotivation, eine überdurchschnittlich ausgeprägte Umstellungsbereitschaft und wenig Berührungsängste sowie positive Gefühle und Einstellungen gegenüber der fremden Gastkultur unterstellen (Winter, 1996, S.369 f.).

Von der Problematik der unterschiedlichen Ausgangspositionen bei Ab- und Rückreise berichtet auch SPA-1: „ich hatte ein riesengroßes Problem, als ich zurückkam" denn „da hatte ich mehr Probleme [...] als wo ich nach Spanien bin" (Z: 165). Durch die Vorbereitung auf das Auslandsjahr im Rahmen des Studiums sagt sie: „in Spanien hatte ich weniger Probleme, weil ich wusste, [...] es ist eine neue Kultur und du musst dich da dran gewöhnen" (SPA-1, Z: 166). Durch die Erwartungshaltung, in ein anderes Land mit anderer Mentalität zu gehen, wird Andersartigkeiten oft mit der Einstellung begegnet „das liegt an der Kultur" (SPA-1, Z: 183) und der Ausreisende ist demzufolge mental auf eventuelle Schwierigkeiten vorbereitet. Was jedoch im Falle der Rückkehr nicht zutrifft, da davon ausgegangen wird, dass alles vertraut und bekannt ist. „Wo ich zurückgekommen bin, hatte ich eigentlich die größeren Probleme." (SPA-1, Z: 184)

Im Gegensatz dazu ist die Reintegration eines ehemals im Ausland tätigen Menschen als nicht so einfach einzustufen, da kaum spezielle Wiedereingliederungstrainings oder allgemeinere psychologische Beratungen und Vorbereitungen auf die Rückkehr stattfinden bzw. angeboten werden. Zwar wurden in den letzten Jahren in Deutschland verstärkt Maßnahmen zur Erleichterung der Reintegration ergriffen, dies kann jedoch nicht darüber hinweg täuschen, dass - zusammenfassend betrachtet - die Rückkehrproblematik eher verdrängt oder die Bearbeitung dieser hinausgezögert wird (Winter, 1996, S.375).

Eine Möglichkeit der Bearbeitung der gemachten Erfahrungen im Ausland sahen die Studenten im Austausch der Erlebnisse mit Gleichgesinnten. So war z.B. CHI-2 froh, als das Studium wieder begann, denn „da konnte man sich beieinander wieder ein bisschen – ja – ausweinen" (CHI-2, Z: 167). Die Aufarbeitung mit Menschen, die den gleichen Erfahrungshintergrund haben wie man selbst und die einen ohne nähere Erläuterung der Tatsachen verstehen, scheint sehr wichtig für die psychische Bewältigung des Auslandsjahres. „Man hat ja auch so bestimmte Sachen erlebt" (CHI-2, Z: 169). „Ein Witz oder Musik oder [...] Insider-Sprüche, die halt nur Leute wissen und kennen, die mit dabei waren" (CHI-2, Z: 170). So ist es, auch ausgehend von meinen eigenen Auslandserfahrungen, sehr wichtig, immer wieder über seine Gefühle, seine Erinnerungen und auch seine Traurigkeit und Ängste mit Menschen, die den gleichen Erfahrungshintergrund haben, zu reden. Dadurch wird erst bewusst, dass es auch den anderen Studenten ähnlich geht und dass die persönliche Gefühlslage nicht unnormal ist. CHI-2 bringt im Interview auch den Vorschlag, die Aufarbeitung des Auslandsjahres stärker in das Studium und das Curriculum zu integrieren, da sie sich danach von der Hochschule ziemlich allein gelassen fühlte.

Bezogen auf die Interviews birgt die Zeit nach der Rückkehr nach Deutschland ein ebenso großes, wenngleich nicht noch größeres Konfliktpotenzial, als die Zeit im Ausland selbst. Durch das fehlende Wissen, die ungenügende Vorbereitung auf den Rückkehrschock und die mangelnde Aufarbeitung des Auslandsjahres finden sich die Studenten in einer emotionalen Zwickmühle zwischen der verklärten Vorfreude auf daheim einerseits und der Konfrontation mit der Realität am Heimatort andererseits. Es gibt keine eindeutigen Lösungen, wie mit dem Rückkehrschock umgegangen werden kann, da dieses Thema sehr komplex ist und jede Person anders darauf reagiert. Doch wie auch Harris und Moran (2004, S. 177) aufzeigen, stimme ich wie die meisten wissenschaftlichen Kultur-Experten darin überein, dass bei einem tieferen Verständnis anderer Kulturen und einer genauen Berücksichtigung der eigenen Lern- und

Veränderungsprozesse im Verlauf der Wiedereingliederung Reserven für eine Neuordnung des Alltags in der Heimat, für neue soziale und politische Interessen, für einen bewusster reflektierten Lebensstil und für die Ausbildung der Persönlichkeit frei werden.

Winter (1996, S. 378) meint dazu sehr treffend: „Deshalb muss man wirklich und nachdrücklich in die innere und äußere Heimat zurückkehren, deshalb ist die Kunst des Zurückkehrens auch der Schlüssel zum möglichst vorurteilsfreien Begreifen des Fremden, deshalb schließt umgekehrt richtiges interkulturelles Lernen auch das Heimkehrenkönnen (und Heimkehrenwollen) ein.“

3.2.6.2 Unverständnis der Umwelt

Was für die heimkehrenden Studenten vielleicht die spannendste und erfahrungsreichste Zeit ihres Lebens gewesen ist, wird oftmals von deren persönlichem Umfeld nicht wahrgenommen, heruntergespielt oder sogar ignoriert. Meist können die Erfahrungen, die die jungen Menschen im Gastland gemacht haben, nicht wie gewollt vermittelt werden, denn sie sind bedeutungslos für die Zuhausegebliebenen. Dies wird meist als der deprimierendste Aspekt der Rückkehr wahrgenommen, denn die Betroffenen fühlen sich unverstanden und mit ihren ungewöhnlichen Erfahrungen allein gelassen (Stadler, 1994, S. 179).

Auch die Befragten erzählen fast ausnahmslos von dem Unverständnis ihres Umfeldes bei der Rückkehr nach Deutschland. So wissen die Betroffenen zwar auf der einen Seite, dass die daheimgebliebenen Familienmitglieder und Freunde auf Grund der fehlenden Erfahrungen die im Ausland gemachten Erlebnisse schwer nachvollziehen können. Auf der anderen Seite jedoch spürt man in den Interviews auch die Enttäuschung darüber, nicht genau vermitteln zu können, wie sie selbst in dem Land gelebt und agiert haben. So ähneln sich die Aussagen sehr stark, wie z.B. denen von FRA-1:

> *„Man fühlt sich auch nicht richtig verstanden.“ (Z: 153) „Von allen Daheimgebliebenen“ (Z: 156). CHI-1 berichtet von dem Zeigen seiner Auslandsfotos im Bekanntenkreis: „Und (ich) hab halt gemerkt, dass*

> *nach der ersten Rolle Film irgendwie so das Interesse halt einfach nachgelassen hat" (Z: 253).*

Die zurückgekehrten Studenten bemängeln in den Interviews, „dass tatsächlich wenige Leute nachgefragt haben, wie es gewesen ist" (SPA-2, Z: 143) und diese „Typische Fragen: Wie ist es jetzt? War doch bestimmt schön?" (FRA-1, Z: 169) oder „der schlimmste Satz war dann so: „Wie war's denn?" (CHI-2, Z: 162) auf welche die Studenten oft nicht antworten konnten, weil „viele Leute ja auch nicht unbedingt wirklich wollen, dass du jetzt eine halbe Stunde von dem erzählst, was du jetzt halt erlebt hast" (CHI-1, Z: 244).

> *Denn „die kennen das Leben nicht" (FRA-1, Z: 157) und „die sehen dann das halt so, wie Urlaubsbilder" (SPA-1, Z: 148). „Weil jemand, der nicht selbst länger im Ausland gelebt hat, der stellt dann halt solche Fragen" (FRA-1, Z: 172).*

Seine Reaktion auf dieses Frageverhalten nach seinem Auslandsaufenthalt beschrieb CHI-1 so: „du schnürst das halt in paar Sätzen zusammen", „Und du erzählst vielleicht noch eine Geschichte und dann reicht das halt erstmal" (Z: 147). Er erklärt sich die Reaktion aus Sicht der daheimgebliebenen Freunde und Familienmitglieder damit: „Das ist – ist halt was anderes, wenn man einen Bezug dazu hat. Dann kann man das mit Leuten irgendwie ganz anders erklären und sich darüber austauschen" (Z: 254). Er ging mit dem fehlenden Interesse seines Umfeldes sehr locker um: „mit diesem Wissen und mit dieser Erfahrung noch aus dem Vorfeld, hab ich dann auch einfach gedacht, ok wer was möchte, dem erzählt man was, aber wenn nicht, dann ist es halt einfach so für einen selber was erlebtes" (Z: 257).

Die entstehenden zwischenmenschlichen Probleme bei der Heimkehr werden oft den rückkehrenden Studenten persönlich angelastet und nur in wenigen Fällen wird erkannt, dass es sich um eine im Kontext der Rückkehr verständliche Reaktion handelt. Bisweilen entsteht ein Gefühl der Entfremdung und des Misstrauens zwischen den Rückkehrern und deren Freunden und Familien. Eine interviewte Person berichtet von massiven Problemen im Freundeskreis bei der Rückkehr nach Deutschland. Die Person SPA-2 hatte sich im Ausland einen festen Freundeskreis aufgebaut und die Kontakte zu ihrem deutschen Freundeskreis vernachlässigt.

> *„Ich kam mit meinen Freundschaften, die ich hier hatte, nicht klar, weil ich die nicht so extrem gepflegt habe" (Z: 185). „Deswegen musste ich danach richtig Freundschaften wieder neu definieren" (Z: 191). „Ich hab mich gefühlt, wie in einem fremden Freundeskreis. Ich kam damit nicht klar" (Z: 259). Besonders kurz nach der Rückkehr verlief die Annäherungsphase schwierig, denn: „ich hab ein Problem gehabt, mich dann mit zu integrieren am Anfang. Ich hab mich [...] ein bisschen isoliert gefühlt, während ich mich mit meinem Freundeskreis so getroffen hab" (Z: 259).*

Im Unterschied zum weitgehend akzeptierten Kulturschock, der als normale Nebenwirkung des Reisens und Kulturwechsels hingenommen wird, bleibt der Rückkehrschock fast immer unerkannt und löst oft wenig Entgegenkommen und manchmal sogar Ablehnung aus (Stadler, S. 182 ff.). Auch die rückkehrenden Studenten sind sich über die Hintergründe der Gefühle von Entfremdung gegenüber dem Freundeskreis, von Anspannung, Beklommenheit und von Beziehungsproblemen im Unklaren und daher oft nicht in der Lage, darzustellen, was in ihnen vorgeht, außer vielleicht, dass sie sich nicht wohlfühlen, traurig oder enttäuscht sind. Ihr Leiden findet daher oft nur im Privaten statt und kann Familie und Freunden nur unzulänglich vermittelt werden. Hier hilft, wie auch in einem Interview erwähnt wurde, der Austausch mit Studenten, die den gleichen Erfahrungshintergrund haben.

3.2.7 Veränderte Sichtweise auf das eigene Land

In einer US-amerikanischen Studie von 1977, in der Studenten vor und nach ihrem Auslandsaufenthalt befragt wurden, erhielten die Forscher u.a. die Erkenntnis, dass eine längere Zeit in einer fremden Kultur das Bewusstsein in Bezug auf das Heimatland und die eigene Kultur erweitert (Stadler, 1994, S. 70). Auch in den von mir geführten Interviews wurde dieses Thema angesprochen. So ist z.B. eine gesteigerte Akzeptanz anderer Herangehensweisen als die deutsche zu erkennen.

> *„Ich hab eigentlich gemerkt, dass in Spanien trotzdem die Arbeit funktioniert hat, obwohl manchmal nichts geregelt und geplant war" (SPA-1, Z: 208) und „dass es auch ohne Organisation funktioniert, wenn du deine Mitmenschen kennst, wenn du die besser einschätzen kannst. Oder einfach mal was riskierst" (SPA-1, Z: 218).*

Jedoch wurde von den Befragten auch selbst festgestellt, dass das Umsetzen dieser Arbeitsweise in Deutschland eher problematisch ist. Denn „du kannst es ja hier nicht durchsetzen" (SPA-1, Z: 223). „Ich hab's probiert am Anfang. Das geht nicht" (SPA-1, Z: 226). Auch in Sachen Freizeitgestaltung erkannten die Interviewten Unterschiede zu ihrem Heimatland. So ist es z.B. in Frankreich üblich „dass man sich mehr zusammenfindet und zusammen was macht einfach und die Zeit zusammen genießt" (FRA-1, Z: 116). Der Aspekt des Genießens stand ebenfalls im Gespräch mit SPA-2 im Vordergrund. Hinsichtlich seiner Lebensweise in Spanien meint der Befragte,

> *„dass ich dort ganz oft mir die Zeit genommen hab, spazieren zu gehen. Und mir die Zeit genommen hab, auch intensiv irgendwelche Dinge zu genießen. Und wenn's nur gewesen ist, dass ich mich in den Retiro [Anm.: Park in Madrid] gelegt hab und dann aber auch wirklich die fünf Minuten mal, die ich dort lag, einfach genossen habe. Was man hier kaum macht. Also hier gehst du kaum raus aus deiner Wohnung und äh oder machst halt deinen Tagesablauf und genießt in dem Sinne nicht" (Z: 97).*

Die Studenten ziehen Vergleiche zu ihren Landsleuten und stellen fest:

> *„Und ich glaube, Deutsche […] können das noch nicht so richtig, sich mal so fallen zu lassen" (FRA-1, Z: 120). „Das fällt mich auch immer mehr auf mit – hier in Deutschland – mit den Leuten. Dass die sich alles so schwer machen und so – ja schwerer, als es eigentlich ist" (FRA-1, Z: 122).*

Selbst wenn die befragten Personen die Deutschen sehr verallgemeinernd des Nicht-Genießen-Können bezichtigen, so waren sie doch selbst sehr gut in der

Lage, ihren Aufenthalt im Ausland in den verschiedensten Formen genießen zu können. Daraus ergibt sich für mich der Schluss, dass zwar gern der Stereotyp des arbeitswütigen und genusslosen Deutschen verbreitet wird, es jedoch in der Realität ganz anders aussieht, wie die Beispiele der deutschen Studenten beweisen.

Einen veränderten Blick bekamen die interviewten Studenten auch auf ihre Heimatorte. So berichtet SPA-2:

> *„Was ich öfters mal mache, ist, jetzt intern die – in Deutschland die Städte ein bisschen anders –die Heimatstädte, mit denen man wirklich am meisten verwurzelt ist, also gerade Dresden oder Zwickau, von außen nochmal zu sehen. Was man vorher vielleicht nicht ganz so gemacht hat" (Z: 130).*

Ebenso findet FRA-1: „Man nimmt ja Sachen, die vorher ganz normal waren, ganz anders wahr. Neu..." wie „Zum Beispiel den Heimatort" (FRA-1, Z: 144, 147). Durch den direkten Vergleich mit dem Heimatort auf Zeit im Ausland mit dem in Deutschland werden Unterschiede und Gemeinsamkeiten stärker wahrgenommen. Dinge, die vorher scheinbar unbedeutend waren, werden aus einem anderen Sichtwinkel gesehen.

Bei der Auswertung der Interviews komme ich zu dem Schluss, dass ein längerer Aufenthalt im Ausland den Blick auf das eigene Heimatland und die eigene Kultur wenn nicht unbedingt verändert, so doch zumindest schärft, was bestimmte Verhaltensmuster oder die sogenannten typisch deutschen Eigenschaften, wie z.B. die Organisation, anbelangt. Die Studenten betrachten Deutschland im Vergleich zu ihrem jeweiligen Gastland. Sie stellen nicht nur Kritikpunkte fest, sondern erkennen gleichzeitig, dass sie doch stärker mit ihrer Heimat verwurzelt sind, als sie es vielleicht zu Beginn ihres Auslandsaufenthaltes vermutet hätten. Aus meiner eigenen Erfahrung kann ich sagen, dass es mir nach der Rückkehr genauso ergangen ist. Erst der Kontrast zu einer anderen Lebensweise und Gesellschaft öffnet die Augen für die Eigenheiten und Besonderheiten der eigenen Kultur.

3.2.8 Auswirkungen auf die Persönlichkeit

Die Auswirkungen eines längeren studienbezogenen Auslandsaufenthaltes auf die Persönlichkeit war in der Vergangenheit häufiger Forschungsgegenstand, da auf den erhofften positiven Effekten des Aufenthaltes die Rechtfertigung vieler Auslands-Austausch-Programme basiert. Dennoch gibt es hinsichtlich verlässlicher Datenerhebungen einige Schwierigkeiten und nur wenige Effekte gelten als gesichert (Brislin 1981 angeführt in Gabriel-Ramm 1996, S. 425). Zum einen weisen Studenten nach einem längeren Auslandsstudium ein aufgeschlosseneres Verhalten gegenüber Menschen anderer Kulturen auf. Zum anderen nahmen die autoritäre Haltung nach dem Auslandsaufenthalt ab und die Leistungsorientiertheit zu. Einige dieser Veränderungen waren allerdings erst bis zu zwei Jahre nach der Rückkehr zu erkennen. Ergänzend zu diesen empirischen Erkenntnissen nehmen die Forscher an, dass die Kreativität der ehemaligen Auslandsstudenten steigt, sich ihre Kenntnis über die eigene Person erweitert und eine Zunahme der Objektivität und Flexibilität im Denken erfolgt (Gabriel-Ramm, 1996, S. 428).

Den größten Teil der von mir geführten Interviews nahm fast immer das persönliche Fazit der Studenten aus dem Auslandsjahr ein. Dieses Jahr war emotional sehr bedeutsam und hat, nach eigenen Aussagen, bei der Mehrzahl von ihnen auch etwas in der Persönlichkeit bewegt. „Für mich persönlich hat es mir sehr viel gebracht. Es war für mich das Beste, was mir hätte passieren können" (SPA-1, Z: 281). Fast geschlossen berichten die befragten Studenten von einer Veränderung ihrer bisherigen Sichtweisen und einem veränderten Blickwinkel auf das Leben. So sagt z.B. die interviewte Person SPA-1 aus:

> *„also meine Sichtweisen haben sich komplett verändert. Also erweitert" (Z: 161). Und FRA-2 findet: „ich hab einfach eine andere Sicht auf die Dinge was das Zwischenmenschliche angeht" (Z: 219) und „ich kann einfach manchmal jetzt Sachen anders sehen" (Z: 224).*

Gegenüber bestimmten Dingen und Sachverhalten wird von einer erhöhten Offenheit berichtet.

> *„Ich bin viel offener geworden, was gewisse Sachen betrifft“ (SPA-1, Z: 336). Es ist „einfach so eine Offenheit, von der ich dachte, dass ich die vorher schon gehabt habe. Die ist jetzt aber, die ist jetzt echt“ (FRA-1, Z: 89). Und CHI-2 meint: „ist man doch ein bisschen offener. Und geht auf die Leute leichter zu“ (Z: 100).*

Durch das Aufeinandertreffen mit Menschen aus verschiedenen Kulturen und mit anderen Lebenseinstellungen und durch die Konfrontation mit neuen, unbekannten Situationen wurden die Studenten zur Bewältigung dieser gezwungen, sich mit anderen Konzepten, als sie es bisher in Deutschland gewohnt waren, auseinanderzusetzen. Eine offene Grundhaltung gegenüber dem Andersartigen hilft, entspannter damit umzugehen. Diese Offenheit spiegelt sich auch im Interesse für Neues und Unbekanntes wieder. „Dass man so ein bisschen einfach [...] neugierig ist für neue Dinge, andere Dinge.“ (SPA-2, Z: 86). Im Gastland waren die Studenten teilweise aufgeschlossener für kulturelle Dinge. „Dort hab ich jede Woche [...] geguckt, was jetzt an Konzerten, an Theatern und so stattfindet“ (SPA-2, Z: 87). Nach eigenen Angaben wird das dortige Verhalten aber nicht auf das Leben in Deutschland übertragen. „Das könnte man hier (Deutschland) genauso machen. Das Angebot gibt's auch. Aber mach ich nicht.“ (SPA-2, Z: 90). Gründe dafür können von den Betroffenen jedoch nicht genannt werden. Ich vermute allerdings, dass auf Grund dessen, dass die Studenten im Ausland mehr Zeit (durch das fehlende persönliche Umfeld aus Deutschland und weniger Verpflichtungen, z.B. gegenüber der Hochschule) für sich zur Verfügung hatten, der Anreiz und auch das Verlangen größer war, sich beispielsweise kulturell weiterzubilden.

Das Auslandsjahr scheint auch große Auswirkungen auf die Toleranzgrenze und den Umgang mit Situationen gehabt zu haben. Die Studenten berichten davon, gelassener und vorurteilsfreier zu reagieren.

> *„Ich hab gelernt zu akzeptieren, dass [...] wenn ein Mensch was anderes macht wie ich [...] dass das dann nicht unbedingt schlecht ist, sondern dass das vielleicht genauso gut sein kann“ (SPA-1, Z: 199).*

> *Es gibt Situationen, „da hättest du dich früher drüber aufgeregt. Da kannst du jetzt eher vielleicht mal drüber weggehen" (FRA-2, Z: 225).*

Durch das Aufeinandertreffen mit Angehörigen verschiedener Kulturen und anderem Lebenshintergrund ist es schwieriger, Menschen in verschiedene Kategorien einzuteilen, da die gewohnten Beurteilungsmuster nicht mehr gelten. Das kann zu einer größeren Toleranz gegenüber Anderen führen, wie das Beispiel von CHI-1 zeigt. Er hat gelernt „einfach […] unvoreingenommener Leute zu beurteilen" (Z: 151), und „dass man […] Menschen nicht von vornherein […] aburteilen kann, wenn man sie so sieht" (Z: 154). Durch seine Zeit in China wurde diese Einstellung gefestigt, weil „teilweise sahen halt Leute, die halt relativ viel Einfluss hatten, überhaupt nicht so aus" (CHI-1, Z: 164). Die erworbene Toleranz spiegelt sich auch im Verhalten der Befragten wieder. Es ist „so ein bisschen dieses ...relaxte" (CHI-2, Z: 103) denn, „man muss nicht gleich so [...] ausrasten" (CHI-2, Z: 105). Allerdings wird in Bezug auf Deutschland auch festgestellt: „find ich unheimlich schwer (das) zu übernehmen, weil der Alltag hier dann schon wieder ganz anders ist" (CHI-2, Z: 106).

Des Weiteren scheint ein längerer Aufenthalt in einer anderen Kultur ein Überdenken des eigenen Lebensweges zu bewirken. Ursache könnte die verstärkte Beschäftigung mit der eigenen Person und den sich bis dahin gesteckten Zielen haben.

> *„Das hat aber vielleicht auch damit was zu tun, dass wenn du im Ausland bist [...] mit dir selber sehr viel beschäftigst." (FRA-2, Z: 238) Denn „man hat halt sehr viel Zeit" (FRA-2, Z: 241). „Aber ähm was eigentlich so das Größte war, dass ich mich so irgendwie kennengelernt habe einfach" (FRA-2, Z: 105).*

Die teilweise vor der Auslandsreise feststehenden Wünsche und Vorstellungen für die weitere berufliche Zukunft wurden nach der Rückkehr aus einem anderen Blickwinkel betrachtet. So erzählt FRA-2 von ihrer Einstellung: „(vor dem Auslandsjahr) irgendwie wusste ich, was ich wollte. Und in Frankreich aber, hab ich gemerkt […] zum Beispiel würd ich gern mal so ein Freiwilligenprojekt in Afrika machen oder so" (FRA-2, Z: 135), denn „ich hab so einfach noch ein anderes

Bedürfnis gehabt, mein Leben noch zu leben irgendwie. Und nicht so strikt: jetzt Studium, Arbeit." (FRA-2, Z: 143) Als möglichen Auslöser für dieses Denken gibt die interviewte Person an: „in dem Jahr [...] hab ich mich einfach anders erlebt und auch anders erlebt was möglich ist einfach" (FRA-2, Z: 149).

Ein anderes Augenmerk der Persönlichkeitsentwicklung liegt in dem Reifeprozess, den die Studenten nach eigenen Angaben im Ausland durchliefen. Die Person FRA-1 nimmt sich wie folgt wahr:

> *„Ich sehe mich jetzt wirklich als [...] erwachsenen Menschen" (FRA-1, Z: 129). Denn „diese ganzen Erfahrungen haben dazu geführt, dass ich jetzt denk, ich bin ein eigenständiger und erwachsener Mensch" (FRA-1, Z: 133).*

Sie vergleicht u.a. sich mit anderen Studenten, um bei sich auf eine größere Entwicklung zu schließen. „Wenn ich auch so meine Kommilitonen betrachte – äh das was wir in dem Jahr erlebt haben und was da aus uns geworden ist, da brauchen andere drei vier Jahre dazu" (FRA-1, Z: 202). Denn „das sind so viele Sachen, die auf einmal zu bewältigen sind" (FRA-1, Z: 204). Im Gegensatz dazu schwächt FRA-2 das Argument des Reifeprozesses etwas ab.

> *„Ähm, also ich würde jetzt nicht sagen, also – freilich hat man sich schon verändert, aber ich würde jetzt nicht sagen, dass ich mega-erwachsen geworden bin und total, was ja oft so ist, dass man halt sagt, man ist halt irgendwie gereift oder so. Das würd ich jetzt nicht so sagen, also schon irgendwo gereift, aber ähm ich [...] ich würde halt sagen, ich hab einfach eine andere Sicht auf viele Dinge. Was auch das zwischenmenschliche angeht" (Z: 215).*

Ganz anders hingegen stuft der Student CHI-1 die Auswirkungen des Auslandsjahres auf seine Persönlichkeit ein. Er meint: „Ich hab mich nicht groß verändert durch den Auslandsaufenthalt" (CHI-1, Z:199). „Zumindest nicht, was mir bewusst ist. Ich glaub, das ist immer besser, dass sowas andere Leute von einem beurteilen" (CHI-1, Z:202). Dies scheint eine sehr interessante Betrachtungsweise, da die anderen Interviewten immer nur sich selbst einschätzen, aber keine Beurteilung von außen - z.B. der Familie - erwähnen.

Zusammenfassend gesehen, bleibt die Persönlichkeit bedingt durch ein Jahr in einer fremden Kultur mit zahllosen Erlebnissen und Situationen, die bewältigt werden müssen, mit Sicherheit nicht unberührt. Zweifellos werden durch dieses Erlebnis das Selbstbewusstsein, die Offenheit und die Toleranz gegenüber Neuem gestärkt. Auch das vermehrte Interesse an Kulturellem konnte belegt werden. Ob und mit welcher Intensität sich das jedoch auf den Einzelnen und dessen Charakter auswirkt und ob diese Effekte dauerhafter Natur sind, bleibt dabei eine Frage des einzelnen Individuums und seines Charakters. Damit steht dies einer groben Verallgemeinerung der Aussage, dass sich die Persönlichkeit durch einen Auslandsaufenthalt zwangsläufig verändert, entgegen.

3.3 Selbstdarstellungsstrategien der Interviewten – ausgewählte Beispiele

Gefühle und Erinnerungen sind immer von subjektiver Natur und unterliegen unterschiedlichen Wahrnehmungen. So wird in Gesprächen immer die eigene Betrachtungsweise wiedergegeben, denn für sich selbst ist dies die Wirklichkeit. Anderen Menschen von problematischen Situationen, die die eigene Person betreffen, zu berichten, stellt auch immer eine Überwindung dar, da damit die Angriffsfläche breiter und die Verletzbarkeit der Persönlichkeit vergrößert wird. Die Versuchung liegt nahe, besonders in Gesprächen mit Personen, die keinen genauen Einblick in das wahre Erlebte haben, Dinge und Sachverhalte zu beschönigen und sich selbst in einem besseren Licht dastehen zu lassen. Dies kann auch unbewusst und nicht wissentlich gewollt in einem Interview geschehen. Nur durch etwas Anstrengung und näheres Hinschauen bei der Auswertung fallen diese Täuschungsmanöver ins Auge. In den Interviews, die ich geführt habe, sind mir zwei Beispiele solcher Selbstdarstellungsstrategien besonders aufgefallen. Diese möchte ich hier vorstellen.

3.3.1 Interviewte Person FRA-1

FRA-1 erzählt insgesamt sehr reflektierend und reif von ihrer Zeit im Ausland. Sie vermittelt den oberflächlichen Eindruck, dass das Studium und das anschließende Praxissemester reibungslos und ohne größere Probleme verliefen. Auf die Frage, wie sie das Jahr rückblickend betrachtet, antwortet sie:

> *„jetzt, nachdem ich ja schon über ein – naja fast – ein Jahr zurück bin, ähm sehr positiv. Sehr ähm menschlich. Sehr schön die ganzen – es gab ja doch negative Vorfälle. Aber die würde ich eher auf zwischenmenschliche Sachen zurückführen" (Z: 56).*

Die negativen Vorfälle, welche FRA-1 beschreibt, werden in dem Interview durch Wörter, wie beispielsweise ‚natürlich' und ‚eigentlich' abgeschwächt.

> *„Zum Beispiel, ähm ja die Auffassung vielleicht auch von Freundschaft. Oder dass man halt Leute kennengelernt hat und dachte, da*

könnte sich eine Freundschaft entwickeln und sich das im Nachhinein natürlich als nichtig herausgestellt hat" (Z: 61).

Es drängt sich die Frage auf, warum sich die Freundschaft ‚natürlich' als nichtig herausgestellt hat. Leider gibt die interviewte Person auch auf Nachfragen keine Auskunft darüber, welche Enttäuschung sie in dieser Hinsicht erlebt hat. Beispiele für die Abschwächung durch die Benutzung des Wortes ‚eigentlich' finden sich in folgenden Aussagen: „Das war eigentlich eine sehr schöne Zeit" (Z: 10). „Im Nachhinein, ist das – läuft das so und das lief eigentlich ganz gut" (Z: 20). Besonders bezeichnend ist die Ausführung über ihr Heimweh und die Gefühle bei der Rückkehr nach Deutschland: „Natürlich als ich dann wieder da war, nach einem Monat, war das dann alles wieder vorbei und man wollte gleich wieder zurück, aber so war ich doch ganz schön geschafft, eigentlich." (Z: 78). Die interviewte Person erzählt, dass sie sich nach der Rückkehr sehr schnell wieder ins Ausland wünscht, wobei sie dadurch suggeriert, dass die negativen Erlebnisse nicht so schwer gewogen haben, doch durch das Statement, dass sie „doch ganz schön geschafft" war, widerspricht sie sich. Der Erschöpfungszustand zeugt von einer großen Anspannung. Durch die nachträgliche Stellung des Wörtchens ‚eigentlich' am Satzende, nimmt sie der Ausführung eine gewisse Härte. Aussagen, in denen ‚eigentlich' vorkommt, vermitteln beim Hörer oft ein Gefühl der Unsicherheit und der Verlegenheit des Sprechers, bzw. kann das Gesagte als Unwahrheit aufgefasst werden.

Auffällig ist, dass FRA-1 im ersten Teil des Interviews angibt, kein Heimweh empfunden zu haben: „Ich hatte da kein Heimweh oder so, weil dazu kam es gar nicht" (Z: 9). Später widerspricht sie sich aber selbst: „Also ich hatte ganz schlimmes Heimweh, teilweise. Ich weiß nicht, ob das normal ist" (Z: 72). Hier kommt deutlich die Unsicherheit der Interviewperson ob ihrer Gefühle bezüglich der Intensität des Heimwehs zum Vorschein. In kleinen Anzeichen während des Interviews macht sich die Unsicherheit der befragten Person während der Zeit im Ausland bemerkbar: „Das waren so Momente, da hat man sich schon gefragt, ob es an einem selbst liegt" (Z: 22). Negative Aspekte ihres Auslandsaufenthaltes fasst die Erzählperson in abmildernde Worte: „Es ist ja in Frankreich doch alles etwas ähm unsortierter" (Z: 18). Ebenso werden im Grunde nicht unproblematische Situationen, verharmlost. „Also, wenn eben mal Probleme auftauchen. Und das sind ja im Ausland doch äh können auch schon stärkere Probleme sein. Bankkonto eröffnen, keiner weiß, was wichtig ist, ob man jetzt gerad über den Tisch gezogen wird oder ähm so Kleinigkeiten." (Z: 211). Auf der einen Seite spricht die betroffene Person über die Unsicherheit beim Eröffnen eines Bankkontos, gleichzeitig negiert sie dies aber als Kleinigkeit.

Insgesamt betrachtet, werden trotz der sehr reifen und auch positiven Erzählweise von FRA-1 immer wieder die wahrscheinlich erlebte Enttäuschung, die Widersprüchlichkeit und Unsicherheit ihrer Gefühle bewusst gemacht. Diese versucht sie zwar zu überspielen, was ihr auf Grund der benutzten Wortwahl allerdings nur bedingt gelingt. Welche Erlebnisse konkret dazu geführt haben, war jedoch im geführten Interview nicht zu erfahren.

3.3.2 Interviewte Person SPA-2

Im Gespräch mit der Erzählperson SPA-2 fällt ihre positive Selbstdarstellung stark auf. Sie schwankt im Interview zwischen der Einstellung, dass alles ganz ‚easy' war, sie? es dann aber doch ‚geschafft' hat. Sie vermittelt von sich das Bild des ‚Weitblickes' und dass sie sich einfach auf Sachen ‚eingelassen' hat. Mehrmals stellt sie für sich klar, dass das Auslandsjahr ohne nennenswerte Probleme lief und sich ihr Blickwinkel und auch ihre Persönlichkeit danach nicht verändert haben. Bezeichnend für die Befragung waren die Erzählung von Episoden und das Anstellen von Vergleichen, wenn die interviewte Person nach Emotionen gefragt wurde. So antwortet sie auf die Frage nach Momenten, in denen sie sich in der Anfangszeit des Auslandsaufenthaltes schlecht gefühlt habe, mit einer Geschichte, in der sie aus Versehen in der Wohnung eingeschlossen wurde, lässt dabei aber kaum emotionale Regungen erkennen. Ebenfalls wird beispielsweise die Situation der Konfrontation mit einer fremden Kultur abgewertet und bagatellisierst:

> *„da war jetzt nix großartig Schwieriges dabei" (SPA-2, Z: 164) denn „letzten Endes ist es nicht anderes, als wenn ich nach Hamburg umziehen würde" (SPA-2, Z: 119). „Ich wechsel einfach nur meinen Ort*

und hab dann eine neue Umgebung, wo ich mich in der neu orientieren muss"

(SPA-2, Z: 121).

Diese Einstellung durchzieht das ganze Interview. Dass das Jahr in der Ferne dann wahrscheinlich doch nicht immer so leicht war, kommt erst am Ende des Gesprächs zum Vorschein, wo die Erzählperson im Widerspruch zu ihren ersten Aussagen berichtet:

„Das ist ja alles eine riesengroße Umstellung" (SPA-2, Z: 156). Denn „es ist schon – im Vergleich jetzt übers komplette Jahr – ist es am Anfang anstrengend" (SPA-2, Z: 188). „Du musst dich erstmal zurecht finden" und „du musst auch erstmal gucken, wie du überhaupt klar kommst"

(SPA-2, Z: 190).

Widersprüchliche Aussagen trifft SPA-2 auch in Bezug auf die Betrachtung seiner Heimat. So „kann ich nicht sagen, dass ich in dem Sinne wirklich jetzt einen neuen Blick auf Deutschland zum Beispiel bekommen hab – was viele sagen, dass man dann sein eigenes Land neu sieht" (SPA-2, Z: 124). Mit der Begründung: „ich glaube, ich hab vorher schon so diesen europäischen Blick gehabt" (SPA-2, Z: 117), setzt sich die Interviewperson wieder in ein positives Licht. Wohingegen sie aber später äußert : „Was ich öfters mal mache, ist jetzt intern die – in Deutschland die Städte ein bisschen anders – also, die Heimatstädte, mit den mit denen man wirklich am meisten verwurzelt ist. Also gerade Dresden oder Zwickau von außen nochmal zu sehen" (SPA-2, Z: 130), was der vorherigen Aussage widerspricht. Am Ende des Gesprächs zieht die befragte Person noch einmal ein Fazit, in dem sie sich mit ihren Kommilitonen vergleicht, die zur selben Zeit im Ausland waren wie sie und setzt sich gegen die ab, für die diese Zeit nicht einfach zu bewältigen war.

„Man vergleicht sich ja immer mit den Leuten, die mit vor Ort waren oder die auch im Ausland waren. Und dann find ich's immer schade,

> *ähm dass – zumindest ist das mein Eindruck, dass vielen der Auslandsaufenthalt tatsächlich eine Last gewesen ist. Dass sie sich eben nach hause gesehnt haben und dass sie eben vor Ort das nur abgehandelt haben. Abgehakt. Und nach zehn Monaten wieder zurück" (SPA-2, Z: 219).*

Wieder stellt sie dabei die Leichtigkeit der Auslandsreise für sich selbst in den Vordergrund: „da war jetzt nix großartig Schwieriges dabei". „Für mich zumindest" (SPA-2, Z: 164). Trotz all der positiven Selbstdarstellungsweise der interviewten Person, dies alles ohne nennenswerte Probleme bewältigt zu haben, wird an vielen kleinen Nuancen deutlich, dass das Auslandsjahr doch auch bei ihr, wenn auch kleine, Spuren hinterlassen hat.

4 Schlussteil

4.1 Zusammenfassung der Ergebnisse

„du hast dein normales Leben [...] Und dann kommt eine Klammer auf, dann ist das Auslandsjahr, Klammer zu, dann geht das normale Leben weiter."
(FRA-2, Z: 279)

Zusammenfassend ist zu sagen, dass das Erlebnis Ausland trotz oder vielleicht gerade wegen aufgetretener Probleme und Schwierigkeiten von allen Interviewten abschließend als eine positive Erfahrung bewertet wird, die sie nicht missen möchten. Die eigene Kultur und Heimat wird nach einem längeren Auslandsaufenthalt mit anderen Augen betrachtet. Mit dem im Ausland erworbenen Weitblick für die Stärken und Schwächen ihrer Gesellschaft geraten deren Werte, Normen und Traditionen zwangsläufig auf den Prüfstand. Oft wurden sich die Studenten erst im Nachhinein über die Wertigkeit ihres Heimatlandes bewusst und konnten positive und negative Aspekte vorurteilsfreier bewerten. Ebenso fand der Begriff der Heimat eine neue Definition. So wurde sie zu einem Ort des Sich-Frei-Entfalten-Könnens, des Auslebens der eigenen Interessen und des Genießen-Könnens, der nicht zwangsläufig mit bestehenden Länder- und Kulturgrenzen endet. Dies wird sich in einer Zeit der freien Märkte und der Globalisierung immer mehr relativieren, so dass die Heimat letztendlich mehr für ein Verbundenheitsgefühl denn für eine bestimmte Örtlichkeit steht.

Den Kulturschock in der Form, wie Oberg ihn mit seinem Modell beschrieben hat, erlebten die von mir befragten Studenten nur teilweise bzw. wiesen sie nur einzelne Symptome der genannten Phasen auf. Die Intensität der Beeinflussung der Psyche durch ein Aufeinandertreffen mit einer neuen Kultur ist augenscheinlich größtenteils abhängig von der Person des Betroffenen, den Umständen in der Gastkultur und von dem bis dahin schon Erlebten. Die verschiedenen Anpassungsstrategien und die soziale Unterstützung durch Freunde und Familie spielten bei der Eingewöhnung in das neue Land ebenso eine entscheidende Rolle und sind für das persönliche Wohlbefinden am Gastort ausschlaggebend.

Viel schwerer als der Kulturschock wog für die Mehrzahl der interviewten Personen allerdings der Rückkehrschock. Die unvorbereitete Konfrontation mit dem in der Erinnerung idealisierten Zuhause führte zu Verunsicherung und Gefühlsschwankungen. Insbesondere das oft als mangelhaft empfundene Interesse für die Erlebnisse der Studenten im Ausland von Seiten des persönlichen Umfeldes, irritierte die Befragten sehr.

Letztendlich sahen sich fast alle Teilnehmer der Studie durch den Auslandsaufenthalt in ihrer Persönlichkeit gestärkt, besonders was die Zunahme der Offenheit, der Toleranz und des gesteigerten Selbstbewusstseins anbelangt. Hinsichtlich der weiteren Lebensplanung scheint das Auslandsjahr Anreize für neue Richtungen gegeben zu haben und eine Bestärkung darin, noch einmal etwas vom bisherigen Berufswunsch Abweichendes zu machen.

Fast alle Befragten möchten trotz zum Teil widriger Umstände später noch einmal ins Ausland gehen bzw. stehen einem erneuten Auslandsaufenthalt nicht abgeneigt gegenüber. Viele wollen auch in ein anderes Land, da sie die Aufgabe im Gastland erfolgreich gemeistert haben und nun eine neue Herausforderung suchen. Oft wurde der Wunsch geäußert, bei einem erneuten Auslandsaufenthalt in ein Land zu gehen, welches sich in der Kultur stark vom ehemaligen Gastland, in dem der Auslandsaufenthalt absolviert wurde, unterscheidet. So will z.B. eine befragte Person, die zuvor in Frankreich war, gern noch ein Freiwilligenprojekt in Afrika mitmachen. Und eine andere Person, die das Jahr in China verbrachte, kann sich gut vorstellen, eine längere Zeit in Lateinamerika zu verbringen. Auch Damaskus (vorher China) oder die USA (vorher Spanien) wurden als mögliche Wunschziele genannt. Jedoch lässt das Wissen um die Rückkehr und die damit verbunden Problematiken und Anpassungsschwierigkeiten einige Studenten etwas vorsichtiger an die Frage nach einem erneuten Auslandsaufenthalt herangehen.

Anmerken möchte ich, dass es sich bei den vorliegenden Ergebnissen um Selbstbeurteilungen der Befragten handelt und somit kein Anspruch auf Verallgemeinerbarkeit geltend gemacht werden kann. Einschätzungen der eigenen Persönlichkeit sind meist von dem Wunsch der Möglichkeit zur Veränderung geprägt, bei denen Erinnerungseffekte und soziale Erwünschtheit oft eine große Rolle spielen. Veränderungen, die während eines Auslandsaufenthaltes erfolgen, müssen nicht zwangsläufig Folge dessen sein, sondern können auch auf anderen Einflüssen beruhen, die in der Studie nicht aufgegriffen wurden. Des Weiteren habe ich bei dieser qualitativen Studie nur mit einer kleinen Anzahl an Interviewpersonen gearbeitet. Die hier dargestellten Resultate sind somit nicht auf die breite Masse anzuwenden, allenfalls können Tendenzen aufgezeigt werden.

4.2 Aufgeworfene und weiterführende Forschungsfragen

Aus der vorliegenden Studie und den behandelten Themenkomplexen ergeben sich im Nachgang eine Reihe von Fragen bzw. weiteren Forschungsansätzen. So stellt sich mir, bezogen auf die Vorbereitung eines längeren studienbezogenen Auslandsaufenthaltes durch die Hochschule, die Frage, was interkulturelle Trainings und Landeskunde bewirken. Vermitteln sie nicht nur ein festgefahrenes Bild der jeweiligen Kultur oder tragen dazu bei, stereotype Vorstellungen zu verstärken? Sollten nicht eher Methoden für den Umgang mit kritischen Situationen und Strategien der Anpassungsbewältigung geschult werden? Eine Maßnahme der Präparation im Hinblick auf den bevorstehenden Auslandsaufenthalt ist die Ausbildung in der Sprach- und Landeskunde der Gastkultur. Die hier interviewten Studenten hatten bereits eine zweijährige Ausbildung durch die Hochschule durchlaufen. Doch inwieweit tragen sehr gute Sprach- und Landeskenntnisse zu einer verbesserten Anpassung und zu einer Vermeidung des Kulturschocks bei?

Da das Thema der Rückkehr ins Heimatland für die Studenten eine wichtige Rolle gespielt hat, interessiert es mich, ob schon während der letzten Zeit im Ausland eine systematische Vorbereitung auf die bevorstehende Heimkehr erfolgen sollte. Was könnten Bestandteile dieser Re-Integration sein und wie kann die Hochschule helfen, mit der Situation des Rückkehrschocks zurechtzukommen? Welche Rolle spielt sie bei der Aufarbeitung der Auslandszeit und welche Unterstützung kann und sollte sie geben? Aus der Studie wurde auch ersichtlich, dass sich ein längerer Auslandsaufenthalt oft auf die Persönlichkeit auswirkt, was z.B. Aspekte der Toleranz, Offenheit und des Selbstbewusstseins anbelangt. Aber inwieweit und wie lange bleiben die im Ausland erworbenen Soft-Skills erhalten bzw. wie werden sie im deutschen Alltag umgesetzt und genutzt?

Obwohl das Thema des Auslandseinsatzes von Studenten und Mitarbeitern und der sich daraus ergebenden Folgen in den letzten Jahren an Bedeutung gewonnen hat, gibt es immer noch vergleichsweise wenig aussagekräftige Studien und Untersuchungen dazu. Ich sehe auf diesem Gebiet eine Vielzahl von spannenden Forschungsmöglichkeiten insbesondere mit Hilfe der Methode der qualitativen

Sozialforschung, die einen tiefen und zusammenhangübergreifenden Einblick in die Thematik gewährt und so das Verständnis der Vorgänge während und nach einem Auslandsaufenthalt, besonders in Bezug auf die im Ausland tätigen Menschen, verstärkt.

Quellenverzeichnis

Literatur

Bertels, Ursula/ de Vries, Sandra/ Nolte, Nina [Hg.] (2007): Fremdes Lernen – Aspekte interkulturellen Lernens im internationalen Diskurs, Praxis Ethnologie, Band 3, Münster, Waxmann Verlag GmbH

Bohnsack, Ralf (2003): Rekonstruktive Sozialforschung – Einführung in Methodologie und Praxis qualitativer Forschung, 5. Auflage, Opladen, Leske+Budrich

Bracht, Elke (1994): Multikulturell leben lernen – Psychologische Bedingungen universalen Denkens und Handelns, 1. Auflage, Heidelberg, Roland Asanger Verlag

Cicourel, Aaron v. (1970): Methode und Messung in der Soziologie, 1. Auflage, Frankfurt am Main, Suhrkamp Verlag

Deller, Jürgen (1996): Interkulturelle Eignungsdiagnostik in Thomas, Alexander [Hrsg.]: Psychologie interkulturellen Handelns, 1. Auflage, Göttingen, Bern, Toronto, Seattle, Hogrefe, Verlag für Psychologie

Deppermann, Arnulf (1999): Gespräche analysieren – Eine Einführung in konversationsanalytische Methoden, 1. Auflage, Opladen, Leske+Budrich

Fiehler, Reinhard/ Barden, Birgit/ Elstermann, Mechthild/ Kraft, Barbara (2004): Eigenschaften gesprochener Sprache (Studien zur Deutschen Sprache; Band 30), 1. Auflage, Tübingen, Gunter Narr Verlag Tübingen

Filipp, Sigrun-Heide [Hrsg.] (1990): Kritische Lebensereignisse, 2. Auflage, München, Psychologie Verlags Union

Fischer, Manfred/ Fischer, Ulrike (1990): Wohnortwechsel und Verlust der Ortsidentität als nichtnormative Lebenskrisen, In: Filipp, Sigrun-Heide [Hrsg.]: Kritische Lebensereignisse, 2. Auflage, München, Psychologie Verlags Union

Flick, Uwe (2006): Qualitative Sozialforschung – Eine Einführung, 4. Auflage, Reinbek bei Hamburg, Rowohlt Taschenbuch Verlag

Flick, Uwe/ Kardorff, Ernst v./ Steinke, Ines (Hg.) (2007): Qualitative Forschung – Ein Handbuch, 5. Auflage, Reinbek bei Hamburg, Rowohlt Taschenbuch Verlag

Gabriel-Ramm, Elisabeth (1996): Soziale Unterstützung und interkulturelles Lernen in Alexander, Thomas [Hrsg.]: Psychologie interkulturellen Handelns, 1. Auflage, Göttingen, Bern, Toronto, Seattle, Hogrefe, Verlag für Psychologie, S. 422-429

Greverus, Ina-Maria (1995): Wem gehört die Heimat? In: Belschner, Wilfried [Hrg.] u.a., Wem gehört die Heimat? Beiträge der politischen Psychologie zu einem umstrittenen Phänomen, Opladen, Leske und Budrich, S.23-40

Harris, Philip Robert/ Moran, Robert/ Moran, Sarah (2004): Managing cultural differences - global leadership strategies for the 21st century, 6. ed., 25th anniversary ed., Amsterdam; Heidelberg [u.a.], Elsevier Butterworth-Heinemann

Heidemann, Kristina/ Duckwitz, Ragna/ Esch, Isabel/ Steckhan, Heike/ Rietz, Christian (2005): Veränderung von Persönlichkeitseigenschaften und Schlüsselqualifikationen im Verlauf von Auslandsaufenthalten (Schriftenreihe der Arbeitsgruppe „Expatriates“ am Zentrum für Evaluation und Methoden an der Rheinischen Friedrich-Wilhelms-Universität Bonn), 1. Auflage, Bonn, PA-CE GmbH – Professional Academic Consulting and Evaluation GmbH

Helfferich, Cornelia (2005): Die Qualität qualitativer Daten – Manual für die Durchführung qualitativer Interviews, 2. Auflage, Wiesbaden, VS Verlag für Sozialwissenschaften

Heublein, Ulrich/ Hutzsch, Christopher/ Schreiber, Jochen/ Sommer, Dieter (2007): Internationale Mobilität im Studium. Studienbezogene Aufenthalte deutscher Studierender in anderen Ländern. DAAD, Deutscher Akademischer Austausch Dienst [Hrsg.] (Reihe Dok&Mat, Dokumentation & Materialien;

Band 60), 1. Auflage, Bonn, Referat Information für Deutsche über Studium und Forschung im Ausland

Hirsch, K. (1992): Die Reintegration von Auslandsmitarbeitern. In Bergemann, Niels / &A.L.J. Sourisseaux [Hrsg.], Interkulturelles Management (S. 285-298). Heidelberg, Physica

Kleining, Gerhard (1991): Methodologie und Geschichte qualitativer Sozialforschung. In: Ernst von Kardorff/ Heiner Keupp/ Lutz von Rosenstiel/ Stephan Wolff/ Uwe Flick (Hg.): Handbuch Qualitative Sozialforschung – Grundlagen, Konzepte, Methoden und Anwendungen, 2. Auflage, Weinheim: Beltz, Psychologie-Verl.-Union, S. 11-22.

Kowal, Sabine/ O'Connell, Daniel C. (2007): Zur Transkription von Gesprächen. In: Flick, Uwe/ Kardorff, Ernst v./ Steinke, Ines [Hg.]: Qualitative Forschung – Ein Handbuch, 5. Auflage, Reinbek bei Hamburg, Rowohlt Taschenbuch Verlag

Kühlmann, Torsten M. (1995) [Hrsg.]: Mitarbeiterentsendung ins Ausland – Auswahl, Vorbereitung, Betreuung und Wiedereingliederung, 1. Auflage, Göttingen, Verlag für angewandte Psychologie

Kühlmann, M. Torsten/ Stahl,Günter K. (1995): Die Wiedereingliederung von Mitarbeitern nach einem Auslandseinsatz: Wissenschaftliche Grundlagen, in Kühlmann, T. [Hrsg.]: Mitarbeiterentsendung ins Ausland – S.177 - 227

Mayring, Philipp (1999): Einführung in die qualitative Sozialforschung, 4. Auflage, München, Psychologie Verlags Union

Medrano-Kreidler, Maria del Carmen (1995): Bedingungen für das Wohlbefinden von Mitarbeitern bei Auslandseinsätzen, (Europäische Hochschulschriften: Reihe 6, Psychologie; Bd. 498), Frankfurt am Main, Peter Lang GmbH – Europäischer Verlag der Wissenschaften

Mitzscherlich, Beate (2000): „Heimat ist etwas was ich mache"- Eine psychologische Untersuchung zum individuellen Prozess von Beheimatung, 2.

Auflage, Münchner Studien zur Kultur-und Sozialpsychologie, Herbolzheim, Centaurus Verlag, S. 175-194

Oberg, Kalvero (1960): Cultur Shock and the Problem of Adjustment in New Cultural Environments In: Weaver, Gary R. (2000): Culture, Communication and Conflict – Readings in Intercultural Relations, Second Edition, Boston, Pearson Publishing

Schreiner, Karin (2007): Die Situation des Kulturschocks und die Situation der Trailing Spouse, 1. Auflage, Frankfurt am Main, London, IKO – Verlag für interkulturelle Kommunikation

Schmidt, Christiane (2007): Analyse von Leitfadeninterviews in Flick, Uwe/ Kardorff, Ernst v./ Steinke, Ines (Hg.): Qualitative Forschung – Ein Handbuch, 5. Auflage, Reinbek bei Hamburg, Rowohlt Taschenbuch Verlag

Stadler, Peter (1994): Globales und interkulturelles Lernen in Verbindung mit Auslandsaufenthalten – Ein Bildungskonzept (Studien zur Interkulturellen Kommunikation, Band 12), Saarbrücken, Verlag für Entwicklungspolitik Breitenbach GmbH

Stahl, Günter K. (1998): Internationaler Einsatz von Führungskräften, 1. Auflage, München-Wien, Oldenbourg Verlag

Ward, Colleen/ Bochner, Stephen/ Furnham, Adrian [ed.] (2001): The psychology of culture shock, Second Edition, East Sussex, Routledge

Winter, Gerhard (1996): Reintegrationsproblematik – Vom Heimkehren in die Fremde und vom Wiedererlernen des Vertrauten in Alexander, Thomas [Hrsg.]: Psychologie interkulturellen Handelns, 1. Auflage, Göttingen, Bern, Toronto, Seattle, Hogrefe; Verlag für Psychologie

Anhang 1 - Interviewleitfaden – qualitative Studie

1. **Wie würdest du deine erste Zeit im Ausland beschreiben?**

   1.1. Gab es für dich während dieser Zeit Momente in denen du dich besonders gut oder besonders schlecht gefühlt hast? →Gründe

   1.2. Hat dich während dieser Zeit etwas oder jemand besonders beeindruckt bzw. beeinflusst?

   1.3. Gab es kritische Punkte, an denen du nicht weiterkamst?

   1.4. Wie bist du mit der Mentalität des Gastlandes zurechtgekommen?

2. **Wie siehst du deinen gesamten Auslandsaufenthalt rückblickend?**

   2.1. Ziehst du persönlich etwas aus dem Aufenthalt?

   2.2. Denkst du jetzt über bestimmte Dinge anders, als davor?

   2.3. Hast etwas für dich aus der Art in ... (Land) zu leben übernommen?

   2.4. Wenn du dich heute siehst, im Vergleich zu vor dem Auslandsaufenthalt- ist etwas anders?

3. **Wie ging es dir, kurz nachdem du wieder nach Deutschland zurückgekehrt bist?**

   3.1. Wie haben sich Personen aus deinem nahen Umfeld (Partner, Freunde, Familie, etc.) nach dem Aufenthalt dir gegenüber verhalten?

   3.2. Was erzählst du Menschen, die dich nach deinem Aufenthalt fragen?

4. **Wie denkst du jetzt, mit all deinen gemachten Erfahrungen, über einen erneuten längeren Auslandsaufenthalt?**

   4.1. Was würdest du heute anders machen?

5. **Gibt es noch ein Thema, was wir vergessen haben / was dir besonders am Herzen liegt/ dass du noch erwähnen möchtest?**

   Vielen Dank für das Gespräch!

Vasco da Silva

Critical Incidents in Spanien und Frankreich

Eine Evaluation studentischer Selbstanalysen

ISBN 978-3-8382-0036-1
124 S., Paperback, € 24,90

Erhältlich in jeder Buchhandlung
oder direkt bei

ibidem

Studierende, die aus einem curricularen Auslandsaufenthalt zurückkehren, bringen zahlreiche Erfahrungen und Erlebnisse mit. Die interkulturelle Lehre kann sich diese zunutze machen: Einerseits kann den Studierenden eine Nachbereitung ihres Aufenthaltes geboten werden, andererseits können die Erlebnisse selbst Gegenstand eines interkulturellen Trainings werden.
In dieser Studie untersucht Vasco da Silva die Frage, wie zurückgekehrte Studierende mit Hilfe der *Critical Incident Technique* persönlich erlebte kritische Interaktionssituationen aufarbeiten und evaluieren. In einer Analyse konkreter studentischer Seminararbeiten zeigt er auf, welche Hauptprobleme Studierende in ihrem Auslandsjahr haben, wie sie diese beschreiben und mit retrospektiven Reflexionen Lösungsmöglichkeiten anbieten. Die interkulturelle Lehre erhält auf diese Weise ein reichhaltiges Datenmaterial, welches nicht nur die Probleme während eines Auslandsaufenthaltes in den Fokus rückt, sondern auch die nachgelagerten Bearbeitungsprozesse der Studierenden aufzeigt. Die Erfahrung, dass Studierende auch nach einem intensiven interkulturellen Training und ihren Auslandserlebnissen einfache Erklärungen den komplexeren, da interaktiven Erläuterungen vorziehen, wird durch da Silvas Studie bestätigt. Gleichzeitig liefert sie ein Reflexionsstufenmodell, welches als Hilfestellung von Lehrenden in interkulturellen Trainings eingesetzt oder von Studierenden genutzt werden kann, um ihre eigenen Erfahrungen allein oder in der Gruppe nachträglich zu reflektieren.
Das Buch richtet sich an Lehrende und Trainer in der interkulturellen Lehre in Wissenschaft und Praxis sowie an Studierende, die einen Auslandsaufenthalt planen oder diesen selbstangeleitet nachträglich reflektieren möchten.

Der Autor:
Vasco da Silva ist wissenschaftlicher Mitarbeiter am Institut für Interkulturelle Kommunikation der Stiftung Universität Hildesheim und promoviert über interkulturelles Lernen in Erasmus-Aufenthalten. Nach seinem Studium der Diplom-Wirtschaftshispanistik in Zwickau und Madrid lehrte er Wirtschaftsspanisch an der Westsächsischen Hochschule Zwickau und war Mitarbeiter im weiterbildenden Masterstudiengang "Interkulturelle Kommunikation und Kooperation" der Hochschule München. Seine Forschungsinteressen liegen im Bereich der interkulturellen und internationalen Kommunikation sowie der *Cultural Studies* mit dem Schwerpunkt Spanien.

Erschienen in der Reihe *Kultur - Kommunikation - Kooperation*, herausgegeben von Gabriele Berkenbusch und Katharina von Helmolt.

Gwendolin Lauterbach

Zu Gast in China

Interkulturelles Lernen in chinesischen Gastfamilien

Eine Längsschnittstudie über die Erfahrungen deutscher Gäste

ISBN 978-3-8382-0082-8

128 S., Paperback, € 24,90

Erhältlich in jeder Buchhandlung
oder direkt bei

ibidem

Gastfamilienaufenthalte im Ausland erfreuen sich großer Beliebtheit, insbesondere ‚exotische' Länder wie China sind immer häufiger Ziel solcher Aktivitäten. Die Teilnehmer versprechen sich in der Regel wertvolle Erfahrungen sowie Lernvorteile in Bezug auf Land, Leute und Kultur – das Zusammenleben stellt Gäste und Gastfamilien jedoch nicht selten vor vielfältige Herausforderungen. Gastfamilienaufenthalte in China sowie in diesem Rahmen stattfindende Lern*prozesse* wurden bislang jedoch nur ungenügend untersucht.

Gwendolin Lauterbach machte sie daher zum Thema ihrer dreimonatigen Längsschnittstudie, die sich deutschen Gästen in chinesischen Gastfamilien widmet und deren Ergebnisse sie nun in Buchform vorlegt. Lauterbach stellt die konkreten Erfahrungen der Gäste in den Mittelpunkt, zeigt typische Konfliktfelder auf und reflektiert, inwieweit interkulturelles Lernen stattgefunden hat: Mit Hilfe der ausführlichen Einzelfallanalysen ermöglicht die Autorin einen tiefen Einblick in die individuellen Lernprozesse, die – entgegen der prinzipiell positiven Wirkungshypothese von Austauschaufenthalten – meist wenig weitreichende und zum Teil auch negative Veränderungen mit sich brachten. Die fallübergreifenden Erfahrungen zeichnen ein anschauliches Bild typischer Erfahrungen im Zusammenhang mit dem (Familien-)Leben, dem Essen, der Kommunikation sowie den Regeln in chinesischen Gastfamilien. Somit richtet sich dieses Buch nicht nur an Interessenten der Austausch- und Akkulturationsforschung, sondern auch an Leser, die sich beruflich oder privat mit China und Gastfamilienaufenthalten in China beschäftigen wollen.

Die Autorin:
Gwendolin Lauterbach ist Diplom-Wirtschaftssinologin (FH) und sammelte Erfahrungen durch längere Auslands- and Gastfamilienaufenthalte in China und Großbritannien. Ihre Forschungsinteressen liegen in den Bereichen interkulturelle Kommunikation und Asien (insbesondere China und Zentralasien).

Erschienen in der Reihe *Kultur - Kommunikation - Kooperation*, herausgegeben von Gabriele Berkenbusch und Katharina von Helmolt.

ibidem-Verlag • Melchiorstr. 15 • 70439 Stuttgart • Tel.: 0711/9807954 • Fax: 0711/8001889
ibidem@ibidem-verlag.de

Katharina Bertz

Akkulturationsmodelle in der aktuellen Forschung

Metaanalyse neuester wissenschaftlicher Studien über Akkulturation

ISBN 978-3-8382-0126-9
102 S., Paperback, € 24,90

Erhältlich in jeder Buchhandlung oder direkt bei

ibidem

In einer globalisierten Welt, die durch internationale Verflechtungen immer mehr zum Dorf wird, nimmt der Einfluss unterschiedlicher Kulturen aufeinander und auch auf Einzelpersonen ständig zu. Der Prozess der Auseinandersetzung mit fremden Kulturen wird daher schon seit Jahrzehnten vorwiegend unter dem Begriff "Akkulturation" untersucht. Dabei hat sich die Praxis durchgesetzt, diesen mit Hilfe von Modellen zu beschreiben. Besonders populär sind die Modelle von Berry, Bennett, Ward und Oberg, die zwar schon über zwanzig Jahre alt sind, in Universitäten, Schulen und anderen Bildungseinrichtungen mangels Alternativen aber noch heute gelehrt werden.
Katharina Bertz zieht in ihrer Metaanalyse von 36 aktuellen Artikeln und Studien über Akkulturation eine Bilanz des aktuellen Standes der Akkulturationsforschung. Sie beschäftigt sich dabei vorwiegend mit den Fragen, in welcher Hinsicht die genannten Modelle noch aktuell sind und in welche Richtung die Akkulturationsforschung geht. Das recht erstaunliche Ergebnis zeigt, dass es noch kaum Alternativen zu diesen Modellen gibt und Berrys Modell die Forschung noch immer überraschend stark dominiert, aber auch Tendenzen hin zu einem differenzierteren, dialogischeren Verständnis von Akkulturation sichtbar werden.

Forscher und Interessierte bekommen einen fundierten und gleichzeitig detaillierten Überblick über Tendenzen und Entwicklung der aktuellen Akkulturationsforschung. Vorschläge für die künftige Forschungsgestaltung runden die Bestandsaufnahme ab.

Die Autorin:

Katharina Bertz, Jahrgang 1985, studierte Wirtschaftssinologie an der Westsächsischen Hochschule Zwickau. Ihre Interessenschwerpunkte liegen in den Bereichen interkulturelle Kommunikation und Akkulturation. Derzeit arbeitet sie in Leipzig, wo sie in einer kleinen chinesischen Firma Akkulturation tagtäglich ganz praktisch erlebt und beobachtet.

Erschienen in der Reihe *Kultur - Kommunikation - Kooperation*, herausgegeben von Gabriele Berkenbusch und Katharina von Helmolt.

ibidem-Verlag • Melchiorstr. 15 • 70439 Stuttgart • Tel.: 0711/9807954 • Fax: 0711/8001889
ibidem@ibidem-verlag.de

Sabine Emde

Immigration und Schwierigkeiten im deutschen Alltag

Eine chinesische Migrantin in Deutschland

ISBN 978-3-8382-0101-6

128 S., Paperback, € 24,90

Erhältlich in jeder Buchhandlung
oder direkt bei

ibidem

Migration ist ein Thema, das in den Medien und der Politik immer wieder diskutiert wird. Dabei werden Probleme häufig auf die mangelnde Bereitschaft zur Anpassung und Integration seitens der Einwanderer zurückgeführt. Doch wie sehen das die Migranten selbst? Wie gehen sie damit um, wenn sie nicht nur eine neue Sprache lernen, sondern sich auch mit einer kulturell fremden Umgebung auseinandersetzen müssen?

In einem Interview berichtet eine nach Deutschland immigrierte Chinesin über ihre Einwanderung und ihr Leben in Deutschland. Sabine Emde rekonstruiert anhand dieses Interviews die Erwartungen und Erfahrungen der Migrantin und beschreibt deren anfängliche Probleme und ihre berufliche Tätigkeit. Dabei stellt Emde, die selbst ein Jahr in China verbracht hat, Bezüge zu kulturellen Besonderheiten her, die den Alltag der Interviewten beeinflussen. So erhält der Leser auch einen detailreichen Einblick in das chinesische Familienleben sowie den Unterrichtsstil an chinesischen Schulen.

Emdes Buch richtet sich nicht nur an Migrationsforscher, sondern auch an jeden, der mehr über die Denkweise chinesischer Migranten erfahren möchte. Emde beleuchtet das Thema Migration aus einem ungewohnten Blickwinkel und verschafft dem Leser auf diese Weise wertvolle neue Einsichten.

Die Autorin:

Sabine Emde, Jahrgang 1985, Diplom-Wirtschaftssinologin, absolvierte ihr Studium an der Fakultät Sprachen der Westsächsischen Hochschule in Zwickau. Sie verbrachte während ihres Studiums ein Auslandsjahr in China, wovon sie ein Semester an der Universität von Qingdao studierte und für ein weiteres Semester als Praktikantin im Bereich Logistik und Kundenbetreuung bei einem chinesischen Logistikdienstleister arbeitete.

Erschienen in der Reihe *Kultur - Kommunikation - Kooperation*, herausgegeben von Gabriele Berkenbusch und Katharina von Helmolt.

Abonnement

Hiermit abonniere ich die Reihe **Kultur – Kommunikation – Kooperation (ISSN 1869-5884),** herausgegeben von Gabriele Berkenbusch und Katharina von Helmolt,

❒ ab Band # 1

❒ ab Band # ___

  ❒ Außerdem bestelle ich folgende der bereits erschienenen Bände:

  #___, ___, ___, ___, ___, ___, ___, ___, ___, ___, ___, ___

❒ ab der nächsten Neuerscheinung

  ❒ Außerdem bestelle ich folgende der bereits erschienenen Bände:

  #___, ___, ___, ___, ___, ___, ___, ___, ___, ___, ___, ___

❒ 1 Ausgabe pro Band   ODER   ❒ ___ Ausgaben pro Band

Bitte senden Sie meine Bücher zur versandkostenfreien Lieferung innerhalb Deutschlands an folgende Anschrift:

Vorname, Name: ______________________________

Straße, Hausnr.: ______________________________

PLZ, Ort: ______________________________

Tel. (für Rückfragen): ______________ *Datum, Unterschrift:* ______________

Zahlungsart

❒ *ich möchte per Rechnung zahlen*

❒ *ich möchte per Lastschrift zahlen*

bei Zahlung per Lastschrift bitte ausfüllen:

Kontoinhaber: ______________________________

Kreditinstitut: ______________________________

Kontonummer: ______________ Bankleitzahl: ______________

Hiermit ermächtige ich jederzeit widerruflich den *ibidem*-Verlag, die fälligen Zahlungen für mein Abonnement der Reihe **Kultur – Kommunikation – Kooperation** von meinem oben genannten Konto per Lastschrift abzubuchen.

Datum, Unterschrift: ______________________________

Abonnementformular entweder **per Fax** senden an: **0511 / 262 2201** oder 0711 / 800 1889 oder als **Brief** an: *ibidem*-Verlag, Julius-Leber Weg 11, 30457 Hannover oder als **e-mail** an: **ibidem@ibidem-verlag.de**

***ibidem*-Verlag**

Melchiorstr. 15

D-70439 Stuttgart

info@ibidem-verlag.de

www.ibidem-verlag.de
www.ibidem.eu
www.edition-noema.de
www.autorenbetreuung.de

Zeitfracht Medien GmbH
Ferdinand-Jühlke-Straße 7
99095 Erfurt, Deutschland
produktsicherheit@kolibri360.de